B. Martha Leuthard (Martha vom Morgartä)

Reich gefüllter Becher

B. Martha Leuthard (Martha vom Morgartä)

Reich gefüllter Becher

Autobiographie Krise als Chance Weg durch die Depression Mit Schwung in letzte Lebensphase Volks-Xundheit nach Kneipp

Fromm Verlag

Cover image: www.ingimage.com

Publisher:
Fromm Verlag
is a trademark of
International Book Market Service Ltd., member of OmniScriptum Publishing Group
17 Meldrum Street, Beau Bassin 71504, Mauritius

Printed at: see last page
ISBN: 978-613-8-35681-3

Autobiographie

Jedoch nimm dich in Acht, achte gut auf dich! Vergiss nicht die Ereignisse, die du mit eigenen Augen gesehen und die Worte, die du gehört hast. Lass sie dein ganzes Leben lang nicht aus dem Sinn!

Präge sie deinen Kindern und Kindeskindern ein!

Buch Deuteronomium 4,9

„Meine Brüder (und Schwestern)

Was nützt es, wenn einer sagt, er habe Glauben, aber es fehlen die Werke? Kann etwa der Glaube ihn retten? Der Glaube für sich allein ist tot, wenn er nicht Werke vorzuweisen hat; zeig mir deinen Glauben ohne Werke, und ich zeige dir meinen Glauben aufgrund der Werke.“

Jak 2,14.17.18b

Inhaltsverzeichnis

7 Mein Weg durch die Depression

28 Geburt, meine Eltern und Grosseltern

39 Schulbildung, Schulen

41 Beruf und Berufung

45 Kirche und ich

48 Musik und ich

51 Sport und ich

55 Meine Freizeit

59 Politik

62 Meine besten Freunde/Freundinnen

64 Eheleben und Kinder

70 Mein Glaube

75 Mit Schwung in die letzte Lebensphase: „Mitenand gaht's besser" (**Lebensgestaltung**, **Kräuter** mit Kräuterpfarrer Johann Künzle, **Wasser** mit Wasserdoktor Sebastian Kneipp, **Ernährung** mit Hildegard von Bingen, **Bewegung** mit Franziskus von Assisi und Klara)

89 Heimat mit Bruder Klaus und Frau Dorothee

91 Gebete für Familien und Grosseltern

94 Martha – die umsorgende Herrin

Tonarbeit von B. Martha Leuthard während der Klinikzeit

Mein Weg durch die Depression

Worauf ich stolz und glücklich bin

Es mag ungewohnt erscheinen, die Erzählung meines Lebens nach der Hälfte desselben zu beginnen; aber dies ist der Anfang meines geschenkten Lebens. Ich wurde sogar als tot erklärt; nun aber lebe ich und beginne mit:

"Schreibe Deine Blockaden von der Seele." Das habe ich seinerzeit getan und lebe heute wieder ohne Medikamente, ohne Psychologin, aber mit dem täglichen Besuch der Konventmesse im Kapuzinerkloster Mels (2012 – 2016) und den Betrachtungen im MAGNIFICAT www.dasmagnificat.ch als Leitplanke auf dem Lebensweg.

Darauf bin ich stolz bzw. schätze mich glücklich.

Lösung von Blockaden

Gedanken zum Weg durch die Depression

Meine Tochter Andrea C. hat das Wort

„Wenn mir damals jemand gesagt hätte, dass unsere Familie auf diese Art und Weise auseinander brechen wird, dass ich meine Mutter durch eine Depression begleiten werde und diese in die psychiatrische Klinik eingeliefert wird, dann hätte ich diesen Jemand wohl für komplett verrückt erklärt. So etwas passiert doch nur anderen, so etwas kann uns doch nicht passieren. Meine Welt schien heil und unverwundbar und so bemerkte ich auch die nahende Gefahr und deren Vorzeichen nicht. Die Last der Trennung meiner Eltern erschien mir schon schwer genug und brachte mich -wie ich damals dachte- an meine Grenze des Verwindbaren. Was noch auf mich zukommen sollte, wusste ich damals nicht.

Als unser Hausarzt meinem Bruder und mir in dieser für immer unvergesslichen Nacht mitteilte, dass es wohl das Beste wäre, wenn wir Mutter in die Klinik bringen, dachte ich zuerst, mich verhört zu haben. Was denn? Die Geschäftsfrau, die stets mit beiden Beinen auf dem Boden stand, soll in die Klapsmühle – und dies nur, weil sie etwas verwirrt tönte, was ja, nach dem Schock der Trennung, damals in meinen Augen auch verständlich war?

Was ich schnell dazu lernen musste ist die Tatsache, dass ein psychisch kranker Mensch immense Auswirkungen auf sein Umfeld hat. Es schien, dass mein Leben plötzlich durch die Krankheit meiner Mutter diktiert wurde und ich unumstösslich mit ihrem verbunden war. Dies gerade in der Zeit, in der junge Menschen sich endgültig vom Elternhaus lösen. So wurde es zur Regel, dass - wenn immer ich für ein Wochenende verreisen sollte, um dem Stress der Situation etwas zu entgehen- ein Rückschlag des Gesundheits-zustandes meiner Mutter dies verhinderte. Oder Rückschläge stellten sich just zu der Zeit ein, in welcher ich beruflich vor lauter Arbeit kaum Zeit hatte, mich um mich selbst aus-reichend zu kümmern und dann noch die Kraft aufbringen sollte, ein Teil der Bürde meiner Mutter zu tragen.

Kinder dieses Alters sollten ihre Eltern nicht durch eine Krise begleiten müssen. Sollte es denn nicht vielmehr so sein, dass Kinder Rat und Erleichterung bei ihren Eltern finden? Menschen, welche eine ähnliche Situation erlebten, werden verstehen, dass die Belastung, Anstrengung und Sorge um die Eltern einen jungen Menschen an den Rand des Verkraftbaren und Zumutbaren bringen - eine Grenzerfahrung, die ich nicht gewählt habe, die mich jedoch gefunden hat. Dazu kam, dass ich mich alleine und hilflos in dieser Situation wiederfand. Kein Vater, der mitgeholfen hätte, die Bürde zu tragen, ein Bruder der mit der Situation selbst genug zu kämpfen hatte und eine Grossmutter, die nach beängstigenden Telefonaten mit ihrer Tochter hilflos Rat bei ihrer Enkelin suchte, die ihrerseits versuchte, ihre Grossmutter zu beruhigen so gut es eben ging.

Depression ist ein immer wiederkehrender Kreislauf, den man mit der Zeit einschätzen aber nicht beherrschen kann. Zuzusehen, wie eine Mutter immer und immer wieder durch diese Hölle der Gefühle und Empfindungen gehen muss, ist eine einschneidende Erfahrung und verändert die persönliche Sichtweise enorm. Über die Jahre musste ich lernen und akzeptieren, dass ich den Weg meiner Mutter nur begleiten kann, gehen kann ich ihn nicht und erst recht kann ich den Teufelskreis nicht für sie unterbrechen.

Die vielen Klinikaufenthalte haben mir die Hilflosigkeit und Grenzen unseres Gesundheitssystems aufgezeigt. Die Medizin näht heute abgerissene Hände wieder an, produziert Menschenleben im Reagenzglas, verlängert Leben künstlich und transplantiert Organe. Doch wenn es darum geht, das Kernstück unseres Lebens - unsere Seele- zu heilen, scheinen die Grenzen erreicht. Das Ruhigstellen mit Medikamenten entspannt zwar die momentane Situation und verschafft dem Patienten wohl etwas Ruhe, ist aber nie Lösungsansatz des Problems. Wieviel weiter entwickelt sind da die Urvölker der Welt, die dem Seelenheil von Anbeginn der Zeit grösste Aufmerksamkeit schenkten und Techniken entwickelten, die schon fast verloren gegangen scheinen. An dieser Stelle gilt mein Dank meinen Lakota-Freunden in South Dakota, welche das Tor der Heilung für meine Mutter weit aufgestossen haben. Ich wünsche mir, dass die Menschheit die enormen Kräfte und Ressourcen dieser Kultur in Zukunft erkennen wird."

♥ Mitakuye Oyasin! Wir sind alle verwandt! ♥

Diese Geschichte basiert auf Tatsachen. Mein Dank gilt all denen, die in dieser vorkommen; denn ohne sie gäbe es diese nicht. Für das entgegengebrachte Vertrauen, den Mut, den Beistand und die Unterstützung erbete ich die Begleitung unseres dreifaltigen Gottes - Vater, Sohn und Heiliger Geist, welche in Ewigkeit wirken.

Das Wort "Depression" hätte bei mir zum erstenmal an jenem Abend angewendet werden können, als Frieda und ich ein gewohnt heiteres Gespräch führten. Abends um 20.30 Uhr nach Beendigung war die Welt noch in Ordnung. Zehn Minuten später öffnete sich ein riesengrosser Krater, in welchen ich buchstäblich hineinfiel. Das veranlasste mich, gleich nochmals mit Frieda zu telefonieren, welche meinen Gesprächspartner anrief, der mich durch ein Gespräch aus meiner misslichen Lage retten könnte und dies auch versprach.

Am übernächsten Vormittag bot er Hand zur Hilfe, welche aber zu spät kam, da ich mich selbständig aus dem Loch hievte. Wahrscheinlich erging es ihm wie so vielen, welche auch ihren liebsten Mitmenschen nicht die richtige Hilfe bieten können, wenn eine Depression sie überfällt. Diesmal (das erste Mal) ging alles gut über die Bühne.

Dabei hätte dieses erste Mal schon viel früher passieren können, nämlich 1973, als ich mich beim Friedensrichter darüber beklagte, dass mein Mann an keinem Familienleben interessiert war und die freie Zeit lieber mit Kollegen verbrachte. Oder fing es bereits damit in der Hochzeitsnacht an, als ein Onkel ihn an die ehelichen Pflichten erinnerte? "Das halbe Leben haben sie allein durchgestanden. Sie haben immer funktioniert, wie ein Computer." Dies sagte mir meine Lebensberaterin.

Meine Tochter Andrea war der Auslöser vieler Gespräche, welche mir so viel bedeuten. Sie brachte mir eines Abends im April 1995 Achilles nach Hause, bei dem sich meine Gedanken in Sicherheit fühlten. Er hörte mir zu -der erste Mensch in meinem Leben, der mir eine ganze Nacht zuhörte, der nicht das Bett suchte. Ich fühlte mich geborgen; ich fühlte mich glücklich, dass ich dieses Kleinod dank Andrea gefunden habe. Wie freute ich mich jeweils auf den Freitag morgen, als Achilles zum Kaffee kam (den er übrigens selbst mitbrachte, da in meinem "Haushalt" nicht vorhanden). Meine Gefühle erwachten, als Achilles mir sagte, dass er den Freitag herbeigesehnt hat (weil es mir nicht anders erging). Das gegenseitige Verstehen bot mir alles. Wir passen zusammen, wir bilden eine Harmonie, wir können uns die Wünsche ablesen. Dieses tiefe Empfinden kittet.

Im Hintergrund -sozusagen als Schatten über der jungen Beziehung- steht die Freundin von Achilles. Er wollte sie mit allem ziehen lassen, was sie mitnehmen will. Er würde ihr sogar zügeln, wenn sie nur gehen würde!. Nach Weihnachten konnte er dies nicht mehr sagen, da sie heulend und erbrechend dasteht, was für meine Begriffe klar heisst: seine Freundin erwartet ein Kind - ein Kind von Achilles. All das bleibt unausgesprochen. Achilles und ich diskutieren über Schwangerschaft, Geburt, Gefühle seiner Mutter als ledige Mutter usw.

Über seinen Zustand äussert er sich nicht.

Diese ganze Situation lässt mich sogar vergessen, dass ich eine Unterleibsoperation hinter mich bringe. Achilles geleitet mich über das Tief, welches sich gar nicht auftat. Mein Mann kommt zurück und entzieht mir den Boden unter den Füssen, indem er das von uns beiden aufgebaute Lebenswerk in alleiniger Herrschaft führt. Damit beginnt ein Leidensweg, der jahrelang dauern und nicht enden will.

Eine längere Reise zu meiner Schwester bringt mir auch nicht die Ruhe, welcher ich dringend bedürfte. Nun beginnt die Suche nach einer passenden Arbeit, welche mich ausfüllt. In meiner alten Heimat finde ich diese am Empfang des Spitals Schwyz. Hier wird mir die Möglichkeit geboten, mein Herz mit einfliessen zu lassen. Meine Trauer, welche nun über den Verlust von Achilles, vom Lebenswerk und zuletzt von der Familie einsetzt, beginnt nun an mir zu nagen. Wir bilden im Spital ein harmonisches Team. Unsere Chefin versteht dies aber nicht recht. Für mich ist eine solche Situation unhaltbar, so dass ich meinen Arbeitsplatz wieder verlasse und ohne Beschäftigung dastehe.

Das Nichtstun bekommt mir aber gar nicht. Mein Leben hat keine Richtung mehr. Die Kinder sind erwachsen und brauchen die Mutter nicht. Achilles entscheidet sich für seine Freundin, welche ihm ein Kind schenkt. Bei unserm Abschied bemerkte er, dass ich eine Wartezeit von einem Jahr durchzustehen hätte. Ist dies der Fall, gibt er unserer Beziehung eine Chance. Mit grossen Spannungen überstehe ich dieses Jahr. Die Kraft reicht bis zum totalen Zusammenbruch am 22. Juni 1997. Damit beginnt meine Einweisung in die Psychiatrische Klinik Pfäfers und

meine Krankengeschichte

Stationär 22. Juni - 31. Juli 1997

Ambulant 4. August - 18. September 1997

Stationär 19. September - 15. Dezember 1997

Tagesklinik 16. Dezember 1997 - 23. Januar 1998

Diagnose: Depressive Reaktion mit Suizidalität (Beziehungswahn)

22. Juni: Frau Leuthard lässt sich nicht ins Gespräch ein, wirkt abwesend, wirft hilfesuchende Blicke zu ihrem Sohn, zur Tochter und zum einliefernden Hausarzt. Von Suizidgedanken kann sie sich nicht klar distanzieren. Sie stimmt dem Vorschlag unsererseits zu, ins Überwachungszimmer zu gehen. Etwas misstrauisch ist sie gegenüber Medikamenten, sie wird gerne etwas nehmen, um eine ruhige Nacht zu verbringen.

27. Juni: Auf dem Rapport am Nachmittag wurde beschlossen, die Patientin auf die offene Station zu verlegen, nachdem sie kurz nach dem Übertritt den Austrittswunsch geäussert hatte. Es kam zu einem längeren Gespräch in Anwesenheit der Bezugsperson. In diesem wurde ihr von allen nur erdenklich möglichen Seiten plausibel versucht zu erklären, dass die Beurlaubung für das kommende Wochenende nicht möglich sei und die Patientin zurückmüsse auf die geschlossene Station. Frau Leuthard versuchte ohne Unterlass an ihrer unabänderlichen Meinung festzuhalten, dass sie sich nicht auf der Station wohlfühlen könne und deswegen austreten müsse. Psychopathologisch war eine Patientin mit Haften an ihren Vorstellungen und einer unverrückbaren Meinung zu sehen, die wenig Einsicht in ihre Situation hatte und über krankhafte Aspekte ihres Verhaltens nicht bereit war, nachzudenken. Diagnose: Stimmungslabilität mit anamnetisch psychotischen Symptomen

Die Patientin wird vom Hausarzt in stimmungsgedrücktem, von Suizidgedanken geprägten ZB bei belastend familiärer und beruflicher Situation eingewiesen. Die Patientin hatte in den letzten Monaten nach den einschneidenden Veränderungen in ihrem Leben den Boden unter den Füssen verloren. Sie war bisher eine stark introvertierte Frau, die über ihre seelischen Leiden mit niemanden sprechen konnte, so dass es am Aufnahmetag zu einem kräftemässigen Zusammenbruch mit einem Hilferuf in Form von Suizidgedanken kam.

18. Juli: Arbeitsdiagnose bei der Fallbesprechung: Psychotische Reaktion bzw. akute psychotische Störung mit akuter Belastung

Die Patientin erklärt sich einverstanden, einen medikamentösen Behandlungsversuch mit Fluanxol durchzuführen, wobei zusätzliche psychotherapeutische Gespräche unbedingt indiziert sind. Die Schwierigkeit liegt in der Einsicht der Patientin, dies auch vorläufig stationär behandeln zu lassen, wie das auch von ihrer Tochter gewünscht wird.

28. August: Frau Leuthard kann diesmal bereits nach etwa 10 Minuten über das Thema ihrer Beziehung zu Achilles sprechen. Abschliessend scheint es jedoch, dass Frau Leuthard zunehmend einen Realitätsbezug bekommt, wobei vordergründig vor allem eine gewisse Traurigkeit und depressive Stimmungslage auffällt.

8. September: Bezüglich ihrer Beziehungsproblematik kann die Patientin heute erstmals konkret ihren bisherigen Sachverhalt darlegen: So kann Frau Leuthard rückblickend den Grund für ihre Klinikeinweisung als Zusammenbruch aufgrund eines erheblichen Druckes angeben, der ausgelöst wurde einerseits durch ihre Beziehungsprobleme mit ihrem Ex-Mann sowie mit ihrem Gesprächspartner Achilles. Sie habe wohl auf Biegen und Brechen etwas erreichen wollen, das schlussendlich nicht gegangen sei, obgleich sie es sich so sehr gewünscht habe, da sie Angst vor dem Alleinsein habe.

19. September: Schwere depressive Episode mit psychotischen Symptomen

Frau Leuthard teilt mit, dass sie von den behandelnden Ärzten eine Todesspritze erhalten möchte, da sie keine Zukunft mehr sieht und in ihrer Leere auch keine Hoffnung schöpfen könne.

Vor dem Sohn sowie der Tochter wird der Sterbewunsch der Mutter thematisiert, wobei die Tochter dabei in Tränen ausbricht, was dazu führt, dass auch Frau Leuthard zu weinen anfängt. Die Tochter gibt an, dass sie seit den letzten Monaten im Vergleich zu den vergangenen Jahren eine deutliche Nähe verspüren, da früher persönliche Gespräche zwischen ihr und der Mutter gar nicht möglich waren. Sie führt dabei an, dass sie auch in der fast 25-jährigen Ehe ihre Mutter kaum über persönliche Probleme reden hörte. Auch wäre das Weinen ihrer Mutter erst seit wenigen Wochen möglich. Im weiteren Verlauf wird deutlich, dass der Sohn wie auch die Tochter ihre Mutter sehr unterstützen möchten.

Oftmals habe ich darauf gewartet, dass ich an der Hand genommen werde oder sogar eine Umarmung stattgefunden hätte. Das aber träumte ich vergebens. "Zärtlichkeit erhöht die Lebensfreude und gilt als Anti-Stressfaktor Nr. 1." Am Morgen habe ich gewartet bis es Abend wurde, und am Abend gewartet bis es Morgen war.

Ich habe mich schlaflos, wertlos, lustlos, kraftlos, lieblos, gefühlslos, freundlos, aber auch ohne Trauer gefühlt, da alles dunkel ist.

Erstmals war es mir ab Oktober 1997 wieder vergönnt, einige Zeilen zu schreiben.

22. Oktober 1997: Mein behandelnder Arzt und ich kamen gestern im Beisein von Tochter Andrea sowie meiner Psychologin überein, dass ich auf die offene Station übertreten werde. Ich werde in die Gruppe A eingeteilt, in welcher ich auf Bekannte stosse. Das erleichtert die ganze Sache etwas. Meine Begleitperson stellt mit mir den Plan zusammen und ich begebe mich auf die Suche nach Frau E., um meinen Massage-Termin bei ihr behalten zu können. Den Rest des Nachmittags versuche ich, rum zu bringen. Obwohl mehr Patienten auf dieser Station eingeteilt sind, ist der Kontakt loser, da alle irgendwo beschäftigt sind - die Station scheint menschenleer zu sein. Meine Zimmernachbarin legt sich viel hin, da Rücken und Knie nach einem Autounfall sehr schmerzen. Am Abend höre ich zum letzten Mal das Klavierspiel von A.H., da sie morgen die Klinik definitif verlässt und nach Hause geht. Ich werde sie sehr vermissen, da ich bei ihr eine Aufgabe gefunden habe. Der ersten Nacht in der offenen Abteilung sehe ich mit Skepsis entgegen; deshalb nehme ich 1/2 Temesta, um den dringenden Schlaf zu haben.

23. Oktober 1997: Die erste Nacht geht gut über die Runden. Ein kurzes, nächtliches "Gelage" in der neben dem Zimmer liegenden Küche raubte mir ein wenig den Schlaf; aber schliesslich ging alles gut und ich wachte gegen Morgen ausgeschlafen auf. W. bot Tagwache und der erste Tag "in der Freiheit" konnte beginnen. Meine Zimmer-genossin hat heute Küchendienst, d.h. sie deckt auf, wäscht ab und bereitet das Nachtessen für alle. Dazu gehört auch das Einkaufen im Dorflädeli.

Chefarztvisite steht auf dem Programm, an welcher der Chefarzt erklärt, dass mein Prozess wahrscheinlich schon noch etwas länger dauern dürfte, nachdem Wohnort und Arbeitsort aufgebaut werden müssen. Meine viele Freizeit macht mir ebenfalls zu schaffen.

Ich besuche das Nähstübli und repariere den Reissverschluss meiner Jacke. Dabei bleibe ich hängen und setze die Arbeit an einem gestrickten Kinderpullover fort. Ich werde inskünftig jeweils zwischendurch kommen und stricken. In der Kunsttherapie will sich die Muschel nicht richtig öffnen, so dass ich die Arbeit auf morgen vertage.

Ab 13.00 Uhr beginnt der grosse Wimmet in den Rebbergen, welcher um 16.00 Uhr mit einem feinen Zvieri abgeschlossen wird. Ohne Temesta (auf dem Nachttisch als Reserve) geschlafen.

24. Oktober 1997: Die Nacht ohne Medikament war keine gute Idee. Am Morgen fühle ich mich unausgeruht, da ich jeweils aufwachte, wenn meine Zimmer-kollegin dieses verliess. Heute Morgen gehe ich wieder ins Nähstübli und stricke am Pullover weiter. Dabei spüre ich, dass ich sehr unruhig bin. Während der Kunsttherapie gehe ich in die Caféteria, wo mich Besuch von Sophie und Heiri erwartet. In der zweiten Hälfte der Kunsttherapie versuche ich erneut, eine geöffnete Muschel zu gestalten. Es fehlt aber an Ausdauer, so dass ich den Ton erneut in eine Kugel forme und die Arbeit zur Seite lege. Nach dem Mittagessen lege ich mich ins Bett, um etwas zur Ruhe zu kommen. Die Massage bei E. trägt sehr zum Wohlergehen bei. Die Wochen-rückschau bringt eine sehr grosse Unruhe, so dass G. mir 1/2 Temesta verabreicht und mit mir einen Spaziergang unternimmt, nach dessen Rückkunft die Lage sich langsam bessert. Mein Ziel, mich auf der Abteilung einzuleben, habe ich so ziemlich erreicht. Allerdings bange ich etwas um das Wochenende, da wir nur zu Dritt hier bleiben.

25. Oktober: Der heutige Tag beginnt um 08.00 Uhr mit dem Frühstück zu viert. Akineton wird mir heute Morgen abgegeben, um die Unruhe zu dämmen. C. kommt erst um 10.00 Uhr, so dass das Trio allein auf der Abteilung weilt. Dabei suchen wir nach Menus für heute Abend und am Sonntag. Wir entschliessen uns für Kaffee complet und die Resten der türkischen Spezialität vom Donnerstag. Nach dem Mittagessen fährt uns C. in ihrem Auto nach Jenins, wo wir an der Sonne einen längeren Spaziergang unternehmen und in Rofels auf Kosten der Abteilung einkehren. Heute geht es mir gesundheitlich besser. Ich geniesse am Morgen ein entspannendes Bad. Zur Feier des Tages kaufen wir uns nach der Rückkehr ein Paket Guetzli und nehmen dazu Kaffee bzw. Tee. Der Kaffeekonsum hier ist sehr gross, ebenso der Verschleiss an Zigaretten.

Heute Nacht schlafe ich ohne Temesta. Die Sommerzeit wird abgeschlossen, so dass eine Stunde länger geschlafen werden kann. Das war ein guter Tag für mich.

26. Oktober: Gemeinsames Frühstück mit frisch gepresstem Orangenjus ist angesagt. Um 09.00 Uhr besuchen Y und ich den Gottesdienst in der Klosterkirche von Pfäfers. Um 13.00 Uhr kommt G., welche aber keine Zeit für eine Aktivität hat. Sie müsste nacharbeiten, da am Morgen niemand vom Team anwesend war. F und ich unternehmen einen längeren Spaziergang, gehen in die Caféteria und vertreiben uns die Zeit mit einem Scrabbel. Am frühen Nachmittag kehrt M von der Hochzeit zurück, welche viel zu erzählen wusste. Mein Sohn David kommt auf Besuch. Der heutige Tag konnte sich nicht ganz an das Hoch von gestern anschliessend; aber er war äusserst befriedigend.

27. Oktober: Der Alltag einer Woche beginnt. Vorerst setzen wir die Ziele für die kommenden Tage. Ich möchte ein bis zwei Kilogramm zunehmen, indem ich mich zum Essen zwinge. Daneben sollen täglich zwei Spaziergänge zur Stärkung meiner physischen Kräfte beitragen.

28. Oktober: Höhepunkt des heutigen Tages: entspannende Massage bei Frau E. Sie lässt mich liegen, um nachwirken zu lassen. Bei leiser Musik gelingt es mir, völlig zu entspannen. Am Nachmittag fahren wir in den Wingert, um die Netze zu entfernen, was mit guter Zusammenarbeit auch gelang. Alle froren sehr stark an den Händen. Diese wärmten wir auf, als wir anschliessend zurück in die Klinik liefen. Das war ein weiterer guter Tag, an welchem ich meine Ziele erreichte.

In der Kunsttherapie gelang mir die Muschel nicht so recht, so dass ich nochmals an den Strand zurückging. Mit der offenen Muschel bekunde ich einige Mühe. Vielleicht ist die Zeit noch nicht da. Warten wir sie ab!

29. Oktober: Ein herrlicher Tag mit Sonnenschein und blauem Himmel beginnt mit einem Gespräch mit meiner Psychologin. Ich fühle mich besser und beginne langsam, Pläne für meine Freizeit zu schmieden. Dabei käme Kirchenchor und Turnverein in Frage. Zudem erwäge ich das Spielen auf der Panflöte. Frau E. weiht uns in den griechischen Tanz ein, und wir haben viel Spass daran. Nachdem wir gestern im Wingert fast erfroren sind, sieht es heute bedeutend besser aus. Den heutigen Tag rundet das Telefongespräch meiner Tochter Andrea am Abend ab.

30. Oktober: Die Chefarztvisite verläuft heute kurz, da es mir besser geht. Am Nachmittag schliessen wir die Arbeiten im Wingert ab; alle Netze sind abgenommen und liegen verschnürt auf dem Boden. Ich halte mich immer noch gut ans Wochenziel: esse und gehe täglich zweimal an die frische Luft. Am Morgen besuche ich das Nähstübli und stricke am Pullover.

31. Oktober: Heute besorge ich mit Y. zusammen den Haushalt. Wir kaufen ein, da morgen Feiertag ist (Allerheiligen) und der Laden geschlossen bleibt. In der Kunsttherapie schaffe ich die ziemlich stark geöffnete Muschel. Beim mittäglichen Gespräch mit meinem Arzt zeigt sich dieser sehr erfreut, so dass Akineton und Luxuol gestrichen werden. Bei der Wochenauswertung bin ich sehr stolz auf die erreichten Ziele und hoffe, dass ich weitere Fortschritte mache.

Allerheiligen (1. November): Habe ohne Temesta bis 02.00 Uhr geschlafen; dann habe ich 1/2 Tablette genommen und eine gute Nacht verbracht. Am Morgen besuche ich die Festmesse mit Orchester und Kirchenchor. Anschliessend backen wir den Zopf. Andrea meldet sich nicht am Telefon - wollte noch mündlich zum Geburtstag gratulieren.

Stationär	18. Februar - 5. Juni 1998
Tagesklinik	8. - 19. Juni 1998
Ambulant	21. Juli - 10. August 1998
Stationär	9. - 25. September 1998
Tagesklinik	5. - 9. Oktober 1998

Verdacht auf gemischte schizoaffektive Störung

18. Februar 1998: Im Verlauf des Vormittags wird die Patientin von ihrem Hausarzt angemeldet. Er berichtet, dass man die Patientin soeben aus Amerika zurückgeholt habe, da es ihr dort während eines mehrtägigen Aufenthalts sehr schlecht gegangen sei; sie sei nun in einem depressiven Zustandsbild und habe auch über psychotische Symptome berichtet.

1. März 1998: Nachdem die Patientin anfangs recht desorientiert war bzgl. der unmittelbaren Einweisungs-umstände sowie einer 2 bis 3-tägigen retrograden Amnesie die letzten Tage vor Klinikeintritt betreffend, stabiliserte sich der Zustand der Patientin zunehmend. Ein guter Hinweis hierfür ist die Tatsache, dass Frau L nicht mehr jeden Tag darauf drängt, entlassen zu werden.

16. März 1998: Meine Psychologin schreibt: Über mehrere Wochen hinweg war Frau L in ihrer Hoffnungslosigkeit gefangen und konnte keinerlei Perspektiven entwickeln. Sie sah sich als sehr hilflos an und hatte auch keinerlei Vorstellung, wie ein Leben ausserhalb der Klinik für sie wieder einen Sinn darstellen könnte.

19. April 1998: Nachstehenden Brief habe ich von einer ehemaligen Klassenkameradin erhalten, welcher mich sehr freute, da er ehrlich gemeint ist:

"Es ist mir ein Bedürfnis, Dir noch einmal ganz herzlich zu danken für den gestrigen Tag. Reich beschenkt -mit bleibenden Eindrücken- waren meine Gedanken noch auf dem ganzen Heimweg bei Dir.

Angefangen bei der schönen Feier in der Kirche spürte ich durch, wieviel Du von Dir selber in die Gestaltung dieses Tages hineingegeben hast. Deine Offenheit und Ehrlichkeit wurde sicher nicht nur von mir, sondern von vielen Deiner Gäste als grosses Geschenk betrachtet. Ich bin nicht so sicher, ob ich den Mut zu dieser Grösse hätte.

Es entstand eine ganz spezielle Nähe unter den Gästen ... unter vielen Menschen, die sich gar nicht kannten. Es war so deutlich spürbar, dass alle diese Menschen eine ganz besondere Nähe zu Dir verbindet. Alle kannten Deine Stärke, Deine überdurchschnittlichen beruflichen und organisa-torischen Fähigkeiten. Und das Verbindende ... ich glaubte zu spüren, dass sich hier Menschen um Dich versammelt haben, die tief beeindruckt sind auch von Deiner menschlichen Grösse. So entstanden sehr tiefsinnige, gute Gespräche.

Auf mich hast Du gestern trotz Deiner Ruhe und Klarheit sehr zart und fast etwas zerbrechlich gewirkt. Ich glaube schon, dass Du noch eine Zeit der Ruhe und Schonung brauchst, um das zu finden, was die Zukunft für Dich -und nur ganz allein für Dich- stimmig macht. Ich fühle, dass Du die innere Ruhe hast, diese Zeit des Rückzuges als grosse Chance zu sehen - so habe ich Dich grossartig erlebt gestern. "

Sommer 1998: Beschäftigung an der Kasse des Restaurants Manor, was mir eine gute Tagesstruktur gibt. Ich versuche dabei, neu gewonnene Freundschaften zu pflegen und zu erhalten. Dabei hilft mir auch die Gemeinschaft mit den Sängerinnen des Nostalgiechörli Bad Ragaz.

9. September 1998: Frau L. berichtet, es geht ihr nicht gut. Sie habe seit drei Nächten nicht mehr geschlafen. Dekompensation der bekannten affektiven Störung nach Absetzen der Medikamente sowie im Zusammenhang mit psychischen Belastungen durch Antritt einer neuen Arbeits-stelle und das Scheidungsverfahren. Derzeit angetrieben - psychotisches Zustandsbild mit formalen und inhaltlichen Denkstörungen, keine Selbst- und Fremdgefährdung.

Ein Gespräch mit einer Lebensberaterin gibt mir einiges zu überdenken. Sie erklärt mir, dass eine Depression immer einen Sinn hat, denn Depression heisst: Leiden. Die Seele trauert. Sie stehen wieder auf; sie sind kreativ und haben ein schönes Seelenbild. Es warten viele Menschen auf sie. Hören sie viel Musik. Sie bekommen sehr viel Kraft. Es bewegt sich sehr viel. Lernen sie, nein zu sagen; haben sie sich selber gern und machen sie Schritt um Schritt. Sie brauchen den Kontakt zu Menschen. Es kommt Kraft - aber langsam. Sie müssen lernen, anzunehmen, nicht nur zu geben. Reden sie mit ihrem Schutzengel.

21. September 1998: Die Patientin war nur wenig auf der Station anzutreffen. Appelle an sie, die Aktivitäten einzuschränken und erst einmal zur Ruhe zu kommen, wies sie mit der Begründung zurück, dass sie gesund sei und "ihren Weg genau kenne."

25. September 1998: Frau L ist inzwischen einiges ruhiger geworden. Sie fühlt sich wohl, schläft gut ohne Temesta und wirkt bedeutend ruhiger und geordnet.

Für nächste Woche hat Frau L eine Hospitation im Kindergarten einer Freundin geplant.

28. September 1998: Frau L hat sich -ohne mit der Psychologin Rücksprache zu halten- aus der Klinik abgemeldet. Das mit mir gewünschte Gespräch mit dem Ehemann hat sie auch -ohne mit mir Rücksprache zu halten- eigenständig geführt. Sie ist nicht vertragsfähig im Moment und kann sich an keinerlei Vereinbarungen halten.

Ambulant	30. März - 8. Juli 1999
Stationär	31. August - 17. September 1999
Stationär	3. Februar - 10. April 2000
Tagesklinik	11. April - 5. Juli 2001
Stationär	13. - 15. Oktober 2001

Diese Zeit war geprägt durch meinen Einsatz als Uhren-Verkäuferin, welche immer wieder durch Klinikaufenthalte unterbrochen wird. Die Scheidung ist noch nicht ganz vergessen, da die Unterhaltszahlungen ausbleiben. Das erinnert immer wieder an vergangene Zeiten.

Am 10. Juli 2001 schrieb ich meinem behandelnden Arzt folgenden Brief:

"Vor genau 4 Jahren, nämlich am 10. Juli 1997, habe ich meinem damaligen behandelnden Arzt geschrieben: Meine Herzensrettung ist ein grundlegendes Gespräch, das sich an das am 1. Juli 1996 abgebrochene anschliesst mit meinem Gesprächspartner Achilles. Diese wirksame Konfrontation mit anschliessend 10 Jassnachmittagen erspart mir den Gang zum Arzt, der sicher deswegen nicht brotlos wird. Diese Therapie baut entweder auf oder ab. Beides ist für meinen weiteren Lebensweg bedeutend. Je früher das Gespräch, desto besser. Herzlichen Dank für Ihre Bemühungen."

Leider blieb dieser Hilferuf unbeantwortet - im Gegenteil- man versuchte, mir mit allen Mitteln meinen Gesprächspartner bei mir in Vergessenheit geraten zu lassen. Ich habe in meinem ganzen Leben nie soviel geweint wie in der anschliessenden Zeit.

Die eigentliche Wende und Besserung kam dann im Oktober 2000, als mir mein Gesprächspartner ein Gespräch vorschlug. Ich schickte ihm den Text des eingangs erwähnten Briefes und er stand gleichentags vor meiner Tür und erklärte sich bereit, die Sache anzugehen. Ich fand langsam mein Selbstvertrauen wieder zurück und fühlte mich verstanden. Um unser einmaliges Verhältnis nicht zu gefährden, zog Achilles es vor, die Konfrontation zu vermeiden, so dass wir nur noch telefonisch miteinander Kontakt hielten. Das entscheidende Gespräch vom 1. Januar 2001 half mir, wieder vermehrt auf mein Inneres zu horchen und nicht auf die Meinungen meiner Umgebung. Das scheint nun auch wieder zu funktionieren.....

Am 8. September 2001 wage ich mich an die Gestaltung einer musikalischen Besinnungsstunde. Der Bestsellerautor John Gray erläutert in seinem Buch "Männer sind anders. Frauen auch" die Depression.

"Als die Marsmänner die Depression bekamen, entvölkerten sich sämtliche Städte des Planeten, und alle verzogen sich für lange Zeit in ihre Höhlen. Dort blieben sie stecken und kamen nicht wieder heraus, bis eines Tages einer von ihnen durch sein Fernrohr eine Venusfrau erblickte. Allein der Anblick dieser wundervollen Wesen gab den Marsmännern neue Inspiration. Ihre Depressionen fielen von ihnen ab. Plötzlich wussten sie, dass sie gebraucht wurden."

"Als die Venusfrauen in ihre Depression fielen, bildeten sie, um sich besser zu fühlen, erst einmal Gesprächskreise und fingen an, über ihr Problem zu diskutieren. Sie verharrten für lange Zeit in ihrer Depression, bis sie mit Hilfe ihrer Intuition eine Vision hatten. Plötzlich fühlten sie sich als etwas Besonderes. Als sie sich gegenseitig ihre Vision mitteilten, fielen ihre Depressionen von ihnen ab."

Meine Version: ***Suche oder Sehnsucht nach einer verlorenen, tiefen, einmaligen Verbundenheit. Es ist schlussendlich die Suche nach dem Ursprung, nach der Schöpfung, nach Gott = Universum, dessen Bestandteil die Lebewesen sind.***

Auslöser von Depressionen: Geburt, Schule, Verlust von Hobby, Sport, Freunden, Partnerschaft, Arbeit oder Geschäft, Krankheit oder Unfall.

Das Nichtfinden des Ziels kann uns in eine Sucht zwängen: Alkohol, Drogen (Einstieg: Rauchen), Arbeit, Eifersucht, Machtstreben. Es ist sehr wichtig, dass man der Ursache der Depression durch gezielte Gespräche (bzw. anfänglich nur Zuhören) mit einer Vertrauensperson nachgeht. Sofern der Depressive einen Wunsch signalisiert, muss diesem unbedingt Folge geleistet werden, um Erfolg zu haben. Bei Überforderung des Wunschkandidaten ist professionelle Hilfe zuzuziehen.

> Gegen Schmerzen der Seele gibt es zwei Hilfsmittel:
>
> Hoffnung und Geduld
>
> Pythagoras

„Wer sich verschliessen gelernt hat, dem tut es doppelt wohl, wenn er sich öffnen kann." Diese Öffnung begann 1995 mit viel Gesprächen und Vertrauen zu meinem Gesprächspartner Achilles. Ein Jahr später wurde dieses einmalige Band jäh zerrissen. Dadurch wurde ich in eine tiefe Depression gestürzt, aus welcher ich nach vier Jahren harter Arbeit durch Rückzug in die Stille und der Sorge vieler guter Engel erlöst wurde.

13. Oktober 2001: Die Patientin, die in der Klinik wegen einer bipolaren affektiven Störung bereits behandelt wurde, kommt nach Mitternacht in Begleitung ihrer Tochter, die auf die stationäre Aufnahme drängt, nachdem sich der Zustand der

Patientin mehrere Wochen nach Absetzen der Medikamente jetzt aktuell verschlechtert hat. Die Patientin hat Mühe, klare Aussagen zu machen, widerspricht sich häufig, kann Gedanken und Äusserungen oft nicht zu Ende bringen. Ihre Tochter, die im Gespräch anwesend ist, bestätigt die gute Phase, hat jedoch den Zustand in den letzten Wochen eher mit gesteigerter Stimmung und Antrieb erlebt. Die Patientin beschreibt, dass sie nur noch wechselnd geschlafen habe. In den letzten Tagen sei sie dann immer mehr in einen Zwiespalt geraten, habe sich nicht mehr gut entscheiden können. Die Tochter ergänzt, dass sie angerufen habe, es gehe ihr schlecht. Insbesondere sei aufgefallen, dass sie beim Reden plötzlich im Wortfluss blockiert sei, nicht weiterreden könne. Die Patientin ist sehr ambivalent hinsichtlich einer stationären Aufnahme. Sie bleibt schliesslich erst nach längerem Hin und Her auf Drängen ihrer Tochter da. Sie zeigt momentan nur begrenzte Krankheitseinsicht. Die Tochter macht sich deutlich Sorgen, wünscht eine stationäre Behandlung insbesondere zur medikamentösen Neueinstellung.

Die Patientin entschloss sich am 15. Oktober 2001 gegen ärztlichen Rat aus der stationären Behandlung auszutreten. Sie stellte sich eine Woche später beim Behandler zu einem ambulanten Termin vor. In diesem Kontakt wirkte sie ausgeglichener, obwohl der Antrieb etwas gesteigert war. Sie entschloss sich, eine weitere psychiatrisch-psychothera-peutische ambulante Behandlung in der Fachstelle für Sozialpsychiatrie und Psychotherapie durchzuführen.

Meine erste Diagnose lautet: schizoaffektive Störungen mit manischen und depressiven Phasen. Eine treffende Erklärung zu Schizophrenie zitiere ich aus dem "Das grosse Reader's Gesundheitsbuch":

"Schizophrenie bedeutet gespaltenes Seelenleben (Spal-tungsirresein). Es kommt zu schweren Störungen auf allen Gebieten des Seelenlebens. Eine Ausnahme macht die Intelligenz, die bei der Schizophrenie keine Einbusse erlei-det. Die Persönlichkeit des Kranken erfährt nach längerem Krankheitsverlauf schwere Veränderungen. Die Schizophre-nie ist die häufigste seelische Erkrankung. Man schätzt die Zahl der Schizophrenen auf ein Prozent der gesamten Bevölkerung. Ihre Ursache ist bisher ungeklärt geblieben. Erbanlagen mögen eine Rolle spielen. Sicher bekannt ist nur, dass diese Erkrankung bei Frauen in Zeiten stärkerer hormoneller Umstellung wesentlich häufiger ausbricht als sonst.

Die Behandlung der Schizophrenie hat in den letzten Jahren grosse Fortschritte gemacht. Heute ist es möglich, die Krankheitsschübe, auch wenn sie mit sehr schweren Erregungszuständen einhergehen, so zu beherrschen, dass die Kranken meist schon nach wenigen Wochen in ihrer Stimmung ausgeglichen sind und sich von ihren Wahnideen und Sinnestäuschungen zu distanzieren vermögen."

Nach meinem Dafürhalten ist das Gespräch die wichtigste Therapieform.

Voraussetzung ist jedoch die richtige Wahl des Gesprächspartners, zu dem man volles Vertrauen haben muss.

Nur so wird es möglich, die Seele zu heilen. Als Meilenstein bezeichne ich die beiden Telefon-Gespräche mit meinem Partner Achilles von Weihnachten und Silvester 2001.

Die beiden Briefe an den liebenden Gott sind unter dem Thema "Mein Glaube" zu finden (Seiten 70 – 74).

Erinnerungen von Sohn David an die Klinikzeit

„Ich erhielt am Abend des 22. Juni 1997 ein Telefon von meiner Mutter, dass ich zu ihr kommen sollte. Sie möchte mit mir sprechen. Davor erhielt auch meine Schwester Andrea C. ein Telefon, worauf wir beschlossen, unsere Mutter zu besuchen.

Aus der Situation (ein Gespräch in verwirrtem Zustand) entschlossen wir uns, den Hausarzt zu benachrichtigen, welcher sofort erschien. Nach einer Aussprache entschieden wir uns, die Mutter zur Beruhigung und Kontrolle in die Klinik einzuweisen. Darauf fuhren meine Schwester Andrea C., meine Freundin Carmen in Begleitung des Hausarztes und ich spät abends in die Klinik zur Aufnahme. Der Hausarzt begleitete uns, da es meine Mutter nicht für notwendig hielt, diesen Schritt zu tun. Wir sind der Überzeugung, dass dies die richtige Lösung für meine Mutter ist, da sie allein in der grossen Wohnung lebt und keiner Beschäftigung nachgehen kann. Dies gab ihr viel Zeit, ihren Gedanken nachzuhängen und über ihr Schicksal nachzugrübeln.

Nachdem meine Mutter am 31. Juli 1997 entlassen und als ambulante Patientin in der Klinik behandelt wurde, mussten wir am 19. September erneut den Eintritt vornehmen. Meine Freundin Carmen und ich gingen direkt mit ihr in die Klinik, wo wir vom Hausarzt angemeldet und sehr ungehalten empfangen wurden. Es ging sogar soweit, dass die empfangende Ärztin zwei "Gorillas" zuzog, da ich auf ihre Begründung, sie hätte keinen Platz, ziemlich energisch reagierte. Schlussendlich konnte die Aufnahme erfolgen. Ihre Nachfrage beim Hausarzt, ob ich gewalttätig sei, konnte dieser verneinen.

Eine Begebenheit führte dazu, dass ich das Gespräch mit den Ärzten der Klinik abbrach. Ich brachte meiner Mutter die von ihr gewünschten Wanderschuhe zwei Tage nach der Einweisung. Sie empfing mich und erklärte, dass sie gleich mit mir wieder nach Hause kommen würde. Das überraschte mich sehr und meldete mich auf der Station (wahrscheinlich war ich dabei ziemlich laut!). Dort wurde mir bestätigt, dass der Arzt den Austritt bewilligt habe. Das durfte aber nicht wahr sein, da meine Mutter wirklich den Eindruck machte, dass sie für einen Austritt nicht fähig sei. Ich intervenierte, dass meine Mutter nach wie vor in der Klinik bleibt. Meine Beziehung zum behandelnden Arzt war mehr als gestört, so dass ich ein Gespräch mit ihm abbrach.

Meine Mutter hat sich während ihrer Zeit in der Klinik dank den Stunden mit ihrem Gesprächspartner Achilles und der Begleitung guter Freunde von der vorerst verschlossenen zur offenen Frau gewandelt, so dass sie wieder einigermassen zur alten Form zurückfand."

Nicht zuletzt war es auch mein treuer Vierbeiner "Kerry", der mich zwang, aus meinen vier Wänden in Gottes freier Natur wieder Fuss zu fassen.

Geburt, meine Eltern und Grosseltern

Am Freitag, 17. Juli 1942, während dem Läuten der Kirchenglocken der Pfarrkirche St. Peter und Paul erblickte ich im Nachbarhaus (im sogenannten Apothekerzimmer) in Sattel-Hochstuckli das Licht dieser Welt. Mein Vater, David Leuthard (8. September 2015), weilte als Wachtmeister an der Front und schwenkte freudestrahlend das Telegramm, welches ihn im "Grüene Gwändli" erreichte. Sein Stolz muss unbeschreiblich gewesen sein, wie mir Alfred Binkert -einer meiner Arbeitskollegen beim Kanton Schwyz und damaliger Dienstkollege meines Vaters- erzählte. Zwei Tage später, am Sonntag, 19. Juli 1942, wurde ich in der Pfarrkirche am Primiztag vom Neupriesters Xaver Amgwerd (ein Klassenkamerad meiner Eltern, von dem ich später noch mehr berichten werde) auf den Namen Berta Martha getauft und damit in die Römisch-katholische Kirche aufgenommen.

Das Wappen der Leuthard von Merenschwand

Meine Mutter

Martha Katharina, geb. Lüönd (18. April 1915), vom Hageggli

Ihr Vater Alois Lüönd kam von der Zizenmatt und reichte am 13. Mai 1913 Grossmutti Katharina Schuler (geboren 1890, Tochter des Viehhändlers und

Wirts Michael Schuler und der Marianne geb. Krienbühl) die Hand zum Bund des Lebens. Als jungvermähltes Paar übernahmen sie das Heimwesen im Hageggli. Elf Kinder wurden ihnen geschenkt. 1926 holte der Tod ihren erst zweijährigen Sohn Josef (ertrunken im Brunnentrog); dem kleinen Engel folgte der Vater als Folge einer Lungenentzündung 1933. Ein Sohn und neun Töchter - das Jüngste noch in der Wiege- mussten für immer auf Vaterliebe verzichten und allzufrüh von ihm Abschied nehmen.

Ein schwerer unvergesslicher Tag bedeutete für die ganze Familie Lüönd der Ausbruch der Kinderlähmung im Hageggli. Tochter Gertrud -der gute Stern der Familie, welche ganz besonders getroffen wurde- gab ihre Seele dem Schöpfer im Jahr 1957 als Folge einer Herzschwäche zurück. Auch alle Geschwister von Grossmutti gingen ihr im Tod voraus.

Vier Generationen: Grossmutti Lüönd, Mutti Leuthard, Mami Reber und Sohn David

Kraft holte Mutter Lüönd durch einen tiefen vorbildlichen Glauben beim Besuch des täglichen Heiligen Messopfers und im Rosenkranzgebet. Ihr gutes Beispiel, das sie ihren Kindern stets gegeben, hat reiche Frucht getragen und Tugend und Glaube lebt in ihren Nachkommen weiter. Zu ihrer grossen Freude gehörten auch 16 Grosskinder, welche ihr liebes Grossmutti nach ihrem Heimgang am 13. November 1974 ganz besonders vermissten. Bereits gesellte sich hin und wieder eines ihrer zwei Urgrosskinder (mein Sohn David 1970 und meine Tochter Andrea Christina 1973) dazu.

Grossmutti schenkte mir als Andenken an die erste Heilige Kommunion des Kindes erstes Beicht- und Kommunion-Büchlein "Engelrein will ich sein!". Dieses ist heute noch in meinem Besitz und könnte dereinst meinem einzigen Enkel Matteo Hubertus 2010 gehören.

"Mutti", wie meine Mutter in der ganzen Verwandtschaft genannt wurde, musste schon früh verschiedene Stellen annehmen, damit die Familie im Hageggli über Wasser gehalten werden konnte. Das brachte sie seinerzeit in die Apotheker-Familie Meyer nach Mänedorf. An jene Zeit erinnerte sie sich stets gerne, da der Bäckerei-Angestellte -der legendäre VeloRennfahrer Ferdy Kübler- jeweils frisches Brot von der Bäckerei gebracht hatte.

Ihre letzte Arbeitsstelle vor der Heirat war der "Bauernhof" in Sattel, von der sie immer heitere Episoden mit den dort einquartierten Soldaten erzählte.

Mutti war Gründungsmitglied der "Bärglüt am Morgartä", die Trachtenvereinigung mit heute gut 120 Mitgliedern. Ich habe ihre Sonntags- und die Werktagstracht als Erbe übernommen. Dies berechtigt mich, an der jährlich stattfindenden Morgarten-Feier am 15. November in Tracht bei den offiziell Teilnehmenden am Umzug vom Dörfli zur Schlachtkapelle in der Schornen teilzunehmen. Das betrachte ich als grosse Ehre.

Ihre besondere Liebe galt nicht nur uns drei Kindern sondern auch dem Gemüse- und Blumengarten, den sie hegte und pflegte. Gekauftes Gemüse kannten wir nicht. Ein besonderes Ereignis war die Überraschung zu einem Muttertag: ein VoltaStaubsauger und ein VERWO-Halbwäsche-Automat. Dieser ersetzte den Sudhafen, der jeweils an den Waschtagen eingeheizt wurde. Zudem lieferte auch jeweils am Samstag heisses Wasser für das "Bad im Zuber" mit gründlicher Körper- und Haarwäsche.

Mit dem Bau des Skilifts Herrenboden (erbaut auf Schwyzer-Boden, aber erreichbar mit der Sesselbahn von Sattel aus) änderte sich das Leben unserer Familie. Die Einweihung fand am 16. Dezember 1949 statt; und Kaplan Xaver Amgwerd segnete diesen und alle die zukünftigen Benützer der Anlage. Wir durften denn auch beim Verkauf 2006 auf unfallfreie Jahre zurückblicken. Am Sonntag wurden wir Kinder zu den Tanten ins Hageggli gebracht, damit die Eltern ungestört zusammen mit den Angestellten den Lift betreiben konnten.

Mutti war nur für die Familie da und führte nebenbei auch genau Buch über die verkauften Artikel des Baugeschäfts, in welchem mein Vater als Bauführer mit hoher Kompetenz arbeitete. Leider nahm sie an keinem Vereinsleben teil. Umso grösser war für mich die Freude, als sie sich zu einem Nähkurs der

Mutti im Garten an der Steinerstrasse an ihrem 85. Geburtstag

Mutti war nur für die Familie da und führte nebenbei auch genau Buch über die verkauften Artikel des Baugeschäfts, in welchem mein Vater als Bauführer mit hoher Kompetenz arbeitete. Leider nahm sie an keinem Vereinsleben teil. Umso grösser war für mich die Freude, als sie sich zu einem Nähkurs der Frauen- und Töchterfortbildungsschule anmeldete, deren Gründungsmitglied und erste Sekretärin ich war. Vorher trugen wir Kinder von ihr Selbstgestricktes, welches meistens nach "Feierabend" entstand d.h. wenn wir im Bett schliefen. Sie war eine wahre Meisterin !!!

Mutti begleitete mich, als ich als Reiseführerin für Reichlin-Reisen unterwegs war. Unter anderem übernachteten wir in München, wo sie mit mir zusammen "Zar und Zimmermann" genoss. Der Genuss war jedoch etwas einseitig - nämlich auf meiner Seite!

Sie besuchte auch mehrmals ihre Tochter Ruth in Carson City (Hauptstadt von Nevada USA). Wie sie das geschafft hat - allein ohne Englischkenntnisse!!! Offen für alles - wie sie immer war. Ohne Mutti wäre in Nesslau und Bad Ragaz die Lingerie schlecht gelaufen. Sie kam jeweils am Wochenende und fuhr am Dienstag oder Mittwoch wieder nach Hause, wo sie an der Steinerstrasse Haus und vor allem Garten bis zuletzt im Schuss hielt.

Als wir Kinder aus dem Haus waren, weilte sie jeweils den ganzen Winter am Skilift, da Dädi im obern Stock des Skiliftgebäudes 3 Schlafzimmer einrichtete. Kochmöglichkeit bestand schon immer, da die Familie und die Arbeiter verköstigt wurden. Ihr Job war: Kasse und Küche. Mutti war eine hervorragende Köchin. Sie war aber auch eine ausgezeichnete Managerin, welche alle ihre Aufgaben mit Leichtigkeit unter einen Hut bringen konnte.

1985 am 8. September feierten wir mit 120 Familienmitgliedern den 70. Geburtstag meiner Eltern im Herrenboden. Ein strahlend schöner Tag war uns beschieden. Kind und Kegel erfreuten sich der tollen Bewirtung und musikalischen Unterhaltung. 2 1/2 Monate später läuteten die Glocken und verkündeten den Heimgang zum Schöpfer von Dädi. Drei Wochen dauerte der unverhoffte Aufenthalt im Spital Schwyz, welches er nicht mehr verlassen konnte. Das war für Mutti der Start in eine ungewisse und bedrückende Zeit, welche sie aber dank ihrem unerbittlichen Glauben über 27 Jahre als Witwe zu bewältigen hatte. Grosse Freude und eine tiefe Verbindung zu ihren Grosskindern halfen über viele schwere Stunden hinweg. Besonders meinen Sohn David hatte sie in ihr Herz geschlossen. Er kochte sozusagen als Abschied für seine Grossmutter und mich herrlichen Fisch, den wir beide so liebten.

Mutti und Dädi am 70. Geburtstag im Herrenboden

Mein Vater

David Leuthard (geb. 8. September 1915 - Maria Geburt) stammte vom Dörfli, Sattel

Sein Grossvater alt Gemeinderat Franz Josef Leuthard, Bäckermeister, 1838 geboren in seinem Heimatort Merenschwand AG zog nach Sattel, wo er 1903 starb. 5 Söhne und 1 Tochter wurden ihm geboren.

Der älteste Sohn alt Gemeinderat Alois Leuthard, geboren 16. März 1882, war mein Grossvater. Seine erste Frau gebar den Sohn Alois, seine zweite Frau Anna und Helen. Alois Leuthard heiratete Louise Schuler von der Altstatt. Sie gebar meinen Vater David am 8. September 1915 und Frieda 1917. Im November 1917 starb mein Grossvater und meine Grossmutter stand da mit fünf kleinen Kindern. Als junge Witwe schloss sie mit Melchior Anton Späni (Metzger) den Bund des Lebens, aus dessen Ehe 10 Kinder entsprossen.

Familie Leuthard / Späni

Die fünf Leuthard-Kinder erbten vom Vater ein für damalige Verhältnisse beachtliches Vermögen, welches für die Ausbildung der Kinder eingesetzt werden musste. Der Vater wünschte, dass diese damals eine Lehre absolvieren konnten. Mein Vater entschloss sich, das Handwerk der Maurer zu erlernen und erhielt eine Lehrstelle in Luzern, wo er beim Bau der St.Karlskirche mitwirken durfte und natürlich dafür Lehrgeld bezahlte, anstatt einen Lohn zu erhalten. Tante Frieda lag das "Coifförlen" und erlernte das Handwerk in Arth. Nach ihrer Heirat mit Josef Lüönd von der Zizenmatt wurde die Sattler-Gemeindepolitik im dortigen Stubli betrieben. Der "Michel- Fränzel" und andere Dorforiginale brauchten am Samstag jeweils etwas lange für die Rasur des Barts!!!!

Am 19. Februar 1942 gab es in Sattel eine Doppelhochzeit: David und Martha Katharina Leuthard-Lüönd und Frieda und Josef Lüönd-Leuthard. Die Trauung fand um 06.00 Uhr in der Kirche St.Peter und Paul statt. Anschliessend ging's zum Z'Morge in den Bauernhof, wo Mutti vorher im Service tätig war. Durch den "Schnider Moser" wurde das Brautpaar zum Fotografen nach Einsiedeln chauffiert und dann 2 Tage "Flitterwoche" im Tessin angehängt. Mutti nahm im Dörfli den Platz am Tisch von Tante Friedli ein.

Meine Schwester Ruth, Cousins Josef und Turi (die beiden Erstgeborenen von Tante Friedli) vor meinem Geburtshaus im Dörfli Sattel

Dädi arbeitete als Kundenmaurer in Sattel und Umgebung zusammen mit Alois Lüönd-de Mont, der 1947 tödlich verunfallte. Sand gewannen sie mit dem eigenen Stein-brecher aus der Steineraa. Der Steinbrecher steht jetzt noch beim Bildhauer an der Stiefelgasse. 1944 zogen meine Eltern mit mir an die Zeughausstrasse (heute Franzosenstrasse) in Seewen,

wo Ruth Bertha am 7. Oktober 1944 geboren wurde. Am 18. April 1947 gesellte sich dann noch Leo Anton dazu, an dessen Geburt ich mich erinnern kann, da er mir durch Tante Ägi präsentiert wurde, als ich aus dem Kindergarten nach Hause kam.

Wir verbrachten eine schöne, unbeschwerte Kinder- und Jugendzeit. Mit Dädi hatten wir einen strengen, aber allzeit korrekten "Lehrer", der uns Kinder vor allem dazu anhielt, fehlerfreies Schreiben und Kopfrechnen anzustreben. Dies war in meinem späteren Leben äusserst nützlich für mich.

Dädi war ganz Bauführer / Baumeister. Er leitete die Geschicke von Ott's Erben, da die junge Witwe mit 2 Kindern und einem Geschäft dastand. Frau Paula Ott-Casagrande (später Sommacal-Casagrande) erledigte die Büro-Arbeiten, während mein Vater die "technische" Seite betreute, als ob es sein eigenes Geschäft gewesen wäre. Sein Bezug zu Sattel sicherte er sich mit dem Bau des Skilifts und der Beschäftigung vieler Männer "auf dem Bau", welche aus seinem Geburtsort ein Einkommen erhielten. Nebst dem Baugeschäft gehörte auch noch der Steinbruch Fallenbach am Vierwaldstättersee dazu. Nach der Heirat von Frau Ott mit Johann Sommacal fiel dieser in den Aufgabenbereich desselben. Viele Bauten im Talkessel von Schwyz zeugen von der Handschrift David Leuthard. Das Prunkstück ist jedoch die Marienkirche von Seewen, in welchem zusammen mit Architekt Willhelm Freitag viel Herzblut eingeflossen ist. Beide zusammen stifteten denn auch die 2. Glocke, welche unter den Schutz der Gottesmutter gestellt wurde. Bei der Geldbeschaffung mischte er wacker mit; und ich durfte ihn beim grossen Bazar im alten Schulhaus und später im Untergeschoss der Kirche sowie beim Los- und Kerzenverkauf usw. unterstützen.

1958 zügelten wir in unser Heim an der Steinerstrasse. Was heisst zügeln: Morgens ging ich wie gewohnt mit dem Zug nach Ingenbohl zur Schule und um halb fünf Uhr marschierte ich anstatt an die Zeughaus- an die Steinerstrasse. Inzwischen wurden durch die Arbeiter mit dem Lastwagen Möbel, Kleider und alles übrige an die Steinerstrasse gebracht, wo wir am Abend glückselig in unsern gewohnten Betten schliefen.

Das Schlafen erwies sich jedoch als ein besonderes Ereignis. Jeden Zug hörten wir über das freie Gelände; an der Zeughausstrasse -30 Meter von den Bahnschienen entfernt- vernahmen wir kein Zugsgeräusch!!! Aber auch das pendelte sich nach einer gewissen Zeit ein. Die herrliche Aussicht auf Rigi, Urmiberg, Uri Rotstock, Fronalpstock und das ganze Panorama bis zum Engelstock und Rossberg sowie den Lauerzer- und Vierwaldstättersee entschädigten uns auch für den längeren Schulweg zum Bahnhof in Seewen. Mutti erhielt einen noch schöneren und grösseren Garten und sogar neu gepflanzte Äpfel- und Zwetschgenbäume.

Unser Haus blieb als einziges der Kirchgemeinde Seewen zugeteilt, damit wir weiterhin dort in Blauring und Kirchenchor mitwirken konnten.

Dädi war begeisterter und ein guter Schütze und wirkte als solcher bei Seewen mit. Oftmals durfte ihn die Familie zu Schiessanlässen begleiten (Rigi, Stoos, Urnerboden usw.). Dank dem Besitz eines Auto SZ 394 lernten wir viele Teile der Schweiz kennen. Dädi zeigte uns auch die Plätze, wo er im Aktivdienst seine Wehrpflicht absolvierte. Als Wachtmeister im Militär schaffte er es, dass General Guisan während den Kriegsjahren an die Morgartenfeier nach Sattel kam und er zusammen mit einem weiteren Kameraden den General auf dem Marsch zum und vom Platz in der Schornen begleiteten. KaputtRollen war jeweils eine Aufgabe für sich, an welche ich mich noch gut erinnere. Dieser wurde dann auf den "Aff" geschnürt mit den vorhandenen Lederriemen.

Aktiver Turner war er nicht mehr wie in seinen Jugendjahren; dafür aber war sein Einsatz als Juror bei den bekannten Maskenbällen des Turnvereins von Seewen gefragt !!! Als guter Tänzer war dies natürlich für ihn ein besonderes Vergnügen. In jungen Jahren war er sogar aktiver Schwinger im Schwyzer-Schwingclub. Dass er Gründungsmitglied des Skiclub SattelHochstuckli und später Ehrenmitglied war, gehörte dazu.

Im Arbeiterverein brachte er viele gute Vorschläge ein, so dass wir Kinder auch dort immer wieder bei Anlässen dabei sein durften (Ausflüge, Maskenball bereits als 17-jährige !). Als Stimmenzähler war er auch mit der Politik konfrontiert. Es erstaunt nicht, dass er von 2 Parteien als Kandidat für den Kantonsrat angefragt wurde. Seine Antwort: "Wenn diese ohne Sitzungsgeld arbeiten, bin ich dabei!"

Beim grossen Musikfest in Seewen amtete Dädi als UmzugsChef. Mutti und wir Kinder schritten in der Tracht der "Bärglüt am Morgartä" ganz stolz und selbstbewusst mit.

Jassen bedeutete Erholung und Vergnügen. Ferien kannten meine Eltern nicht, so dass dies für ihn Entspannung war. Meine im Cristal organisierten Jasswochen gingen in die Geschichte ein - jene vom Oktober 1985 im Besonderen. Ich konnte Dädi überzeugen, dass ich noch einen Jasser brauchte; und er kam. Die 43 anderen waren begeistert nicht nur von seinem Spiel sondern auch von der Persönlichkeit. Wer hat da geahnt, dass wir einen Monat später die Urne von Dädi in Sattel beisetzten? Als starker Raucher (jedoch seit 5 Jahren total abstinent), bildete sich Wasser auf der Lunge und nach kurzem Spitalaufenthalt gab er seine Seele dem Schöpfer zurück. Meine Schwester aus Amerika, zusammen mit Mutti und mir durften dabei sein und mit ihm sprechen bis 20 Minuten vor dem Aushauchen seines irdischen Lebens. Gross war die Anteilnahme und wir erhielten gute Unterstützung durch sein und unser Umfeld. Mutti lebte dann 27 Jahre als Witwe, obwohl sie ihm am Liebsten gleich gefolgt wäre. Aber da waren ja auch noch 6 Grosskinder (je ein Bub und ein Mädchen von uns drei Geschwister), denen der Heimgang ihres Grossvaters schon schwer genug fiel. Also hatte sie eine grosse und schöne Aufgabe, für die Grosskinder weiterhin das Grossmutti sein zu dürfen und können.

Der Skilift Herrenboden war "sein viertes Kind".

Zusammen mit zwei Geschäftsmännern von Schwyz wurde dieser erbaut. Geld von einer Bank war nicht erhältlich. Da mussten Schwestern und Schwägerinnen herhalten. Tante Luisa verkaufte die vom Vater geschenkte Brautgabe - eine Kuh- und trug so zum Startkapital bei. Früher erreichten die Skifahrer vornehmlich aus Zürich mit dem Zug nach Biberegg (Rothenthurm) und dem Aufstieg mit Fellen über die Bannegg das Gebiet des Hochstuckli; und Dädi setzte seine Vision um, dass er einmal an seinem eigenen Skilift auf den Gipfel gelangt. Das Material wurde von Schwyz über die Mostelegg zur Berg- und Talstation gefahren. Da durfte ich jeweils mitfahren, so dass ich von Anfang an mit dem Vorhaben konfrontiert war.

Anfangs betrieb er die Anlage mit einem Dieselmotor, der nach der Elektrifizierung ausgewechselt wurde.

Die Zuleitung musste hauptsächlich durch Dädi, die Sattel-Hochstuckli AG und Käthi vom Herrenboden berappt werden. Das waren harte Zeiten; aber der Einsatz aller hat sich gelohnt. Mein Bruder Leo absolvierte bei Garaventa Seilbahnbau in Goldau eine Lehre als Seilbahnbau-Mechaniker; nach der Lehre arbeitete er bei seinem Götti Albert Grab in Rothenthurm als Elektriker. Somit war er gut vorbereitet für seine Aufgabe am Skilift. Durch sein grosses Wahrnehmungsvermögen eignete er sich ein grosses Wissen auf allen technischen Belangen an.

60 Jahre Skilift Herrenboden am 16. Dezember 2009, Talstation der ersten Drehgondelbahn der Welt mit meinem treuen Vierbeiner Kerry Foto: pomt

Schulbildung Schulen

Kindergarten

ab meinem 4. Lebensjahr in Seewen SZ. Gegründet durch den Arbeiterverein Seewen, geleitet durch Schwestern vom Heiligen Kreuz Ingenbohl.

Jeweils am Montag brachten wir 50 Rappen im selbstgebastelten Täschli. In der Adventszeit durften wir unsere Eltern zum Krippenspiel einladen.

Primarschule

in Seewen, ebenfalls mit Ingenbohler Schwestern, welche auch das Fach Biblische Geschichte unterrichteten. 1., 2. und 3. Klasse waren auch die Buben dabei. Nachher kamen diese zu Lehrer Meinrad Rauchenstein. Wir Mädchen hatten das grosse Glück, dass Sr. Adolfa Maria eine ausgebildete Sekundarlehrerin war. Aus diesem Grund erhielten wir schon einigen Stoff aus der Oberstufe. Unsere Klasse sammelte Geld durch Kerzenverkauf und Selbstgestricktem und konnten damit den Tabernakel der neuen Kirche finanzieren. Das versetzte uns in Freude.

Einer der schönsten Wege ist der Schulweg.

Was wir da nicht alles entdecken konnten. Er war aber nicht ungefährlich, da die sehr stark befahrene Gotthardstrasse überquert werden musste. Eigentlich erstaunlich, dass keine ernsthaften Unfälle passierten. Allerdings ereignete sich ein solcher bei der Unterführung der SBB. Der Kindergärtner Marcel Steiner von der Bäckerei "verirrte" sich vom Ober- ins Unterdorf, passierte die Unterführung und sprang in einen herannahenden Lastwagen der Schweizerischen Armee. Leider konnte der Kleine trotz Reanimation nicht mehr ins Leben zurückgeholt werden.

Unsere Klassenkameradin Vreni schlittelte beim "Beredi Marty" frontal in ein auf der Strasse nahendes Auto. Lange Aufenthalte im Balgrist in Zürich konnten nicht eine Behinderung des Gehapparates verhindern.

Blick auf den Grossen Mythen von Ingenbohl aus Foto: pomt

Ohne Probleme bestand ich die Aufnahmeprüfung für die Sekundarschule. Damit trennten sich die Wege, da ich diese in Ingenbohl besuchte. Mein Berufswunsch war Lehrerin und meine Eltern fanden, dass der Übergang ins Seminar des Theresianums leichter ist, wenn ich die Sekundarschule dort besuche.

Sekundarschule

im Theresianum Ingenbohl. Vier Trimester war ich als interne Schülerin eingeschrieben, da Mädchen keinen Militärdienst leisten. Das war eine bereichernde Zeit und ich bin dankbar, dass mein Vater mir diesen Weg finanziert hat.

Handelsschule

Es kam anders als geplant. Die Direktorin Sr. Cornelia Göcking sah in mir eine Handelsfrau, keine Lehrerin: da werde mehr verlangt. Das war für mich Ansporn und ich bestand die Aufnahmeprüfung. Nach 3 Jahren erfolgte die Diplomierung und das Berufsleben konnte beginnen.

Mini-Klassenzusammenkunft 1988

Weitere Ausbildungen

♣ Seminar an der Schule für Angewandte Psychologie in Zürich

♣ Wirtefachkurs zur Erlangung des Fähigkeitsausweises in Luzern zusammen mit meinem Verlobten Edi Reber

♣ Ausbildung und Diplom als Kneipp-Hydrotherapeutin in Dusnang

□ Kurse über Astrologische Psychologie

♣ Seminar für Soziales Engagement in Widnau und verschiedene Weiter-bildungen auf diesem Gebiet

□Theologie 60plus in Zug bei Frau Dr. Marie Louise Gubler

Beruf und Berufung

1960 - 1965

Kanzlistin und Verwaltungsbeamtin auf der Kantonskanzlei Schwyz mit Staatsschreiber und nachmaligem Bundesrichter Dr. Paul Reichlin.

"Fräulein Leuthard ist eine äusserst wertvolle Arbeitskraft. Sie schreibt und stenographiert flink und genau und hat ein ausgesprochenes Geschick für schöne, übersichtliche Darstellung. Als Telephon-Ordonanz der Kantons-verwaltung hat sie jedermann freundlich und zuvorkommend bedient. Sie ist gewissenhaft, dienstfertig, aufrichtig und frohmütig. Jederzeit war sie auf ein gutes Einvernehmen mit ihren Arbeitskolleginnen und -kollegen bedacht. Ihre Arbeitsleistung verdient nach Qualität und Quantität ein aus-gezeichnetes Prädikat, ihre Charaktereigenschaften verdienen es nicht minder." Sein Nachfolger ist Karl Amgwerd.

Sommer 1965

Sevice-Angestellte im Restaurant Sonnenhof, Oberhelfenschwil (Toggenburg), wo ich zugleich mein 2-jähriges Patenkind Marianne betreuen darf.

"Sie hat sich, nachdem sie bereits in den Sommerferien während ihrer Studienzeit bei uns weilte, gut und schnell in die Arbeiten des Servierens eingelebt. In der Zwischenzeit besorgte Fräulein Martha auch die laufende Korrespondenz. Fräulein Martha hat durch ihre Freundlichkeit unser und das Vertrauen der Kundschaft gewonnen. Sie verlässt uns auf eigenen Wunsch, um wieder als Verwaltungsbeamtin in Schwyz zu arbeiten."

Oktober 1965 - Februar 1967

Strassenbauamt des Kantons Schwyz unter Heinz Bysäth.

"Fräulein Leuthard bewies grosses Interesse am ganzen Betriebs-geschehen und wurde bald zu einer eigentlichen Auskunftsstelle. Sie vermochte in dieser Weise den Chef äusserst wirksam zu entlasten. Die ihr übertragenen Arbeiten erledigte Fräulein Leuthard rasch und exakt."

Februar 1967 - Ende 1968

Schweizerischer Verband Pro Filia, Sektion Schwyz mit Berta Hofstetter als Präsidentin, als Sekretärin der Pro Filia und Hausdienstkommission des Kantons Schwyz sowie Berufsberaterin für die Mädchen des Kantons Schwyz gearbeitet.

"Sie bewies in dieser Zeit erstaunliche Fähigkeiten in beruflicher und menschlicher Hinsicht, und ihre Leistungen waren ausserordentlich gut. Mit rascher Auffassungsgabe und gutem Einfühlungsvermögen arbeitete sie sich in kurzer Zeit in ihr Arbeitsfeld ein. Sie arbeitete rasch, verantwortungsbewusst und absolut verlässlich, brachte Schwung, Initiative und eigene Ideen mit. Die anwachsenden Aufgaben in der Berufsberatung und im Hausdienst bewältigte sie mit organisatorischem Talent und unermüdlicher Energie. Besonders schätzten wir ihre hervorragenden Qualitäten im Umgang mit Menschen jeder Art und jeden Alters. Offen, positiv und vertrauenerweckend, schlug sie überall Brü

cken, schuf Kontakte und suchte Lösungen für Probleme. Der sich ausdehnende Wirkungskreis der Pro Filia Schwyz geht in beträchtlichem Mass auf ihren kräftigen und fruchtbaren Einsatz und ihre grosse Beliebtheit zurück."

Dezember 1965 - Heirat Oktober 1969

Gründung der Frauen- und Töchterfortbildungsschule Schwyz, deren erste ehrenamtliche Sekretärin und "Mädchen für alles" ich war. Ich besuchte natürlich alle 4 aufbauenden Nähkurse und organisierte und repräsentierte die erste Modeschau der noch jungen Schule am 2. April 1956 im Untergeschoss der von meinem Vater erbauten Marienkirche in Seewen.

„Im überfüllten Untergeschoss der neuen Filialkirche führte die couragierte und sympathische Speakerin, Fäulein Martha Leuthard, im Non-Stop-Programm die in den Nähkursen der verschiedenen Kursstufen geschaffenen Kleider und Kleidungsstücke vor- Kennerblicke visierten die prachtvoll geschaffenen buntfarbigen Frühjahrs- und Sommerroben. Die bisher glücklicherweise von Radio und Fernsehen unentdeckt gebliebene Speakerin fand für die einzeln oder in Gruppen vorgeführten Arbeiten subjektiv-treffliche Erklä-rungen und erhielt wiederholt brausenden Beifall……. „ Auszug aus der örtlichen Presse

Modeschau im Casino Schwyz mit selbstgenähtem Kleid

Moderation: Dorothea Furrer

1969 - 1977

Direktions-Ehepaar im neu erbauten und durch uns eröffneten Hotel Restaurant Sternen, Nesslau (Obertoggenburg).

Eigentümerin: Brauerei Schützengarten, St.Gallen.

"Bei der Wahl des Géranten-Ehepaares entschloss sich die Geschäfts-leitung für Edi und Martha Reber-Leuthard. Diese Wahl erwies sich als sehr glücklich. Während etwas mehr als sieben Jahren haben Herr und Frau Reber den Sternen mit Umsicht und Initiative geleitet. Der Umsatz und das finanzielle Ergebnis haben sich konstant und positiv entwickelt. .....beschäftige sich Frau Reber in erster Linie mit dem Kontakt zu den Gästen und den administrativen Arbeiten. "

ab 24. August 1977

Kauf aus dem Konkurs des Hotels Cristal, Bad Ragaz, zusammen mit den Bürgen. Bis Frühling 1978 alleinige Leiterin desselben, da mein Mann den Vertrag dank dem Entgegenkommen der Brauerei Schützengarten St.Gallen in Nesslau allein beenden konnte. Ich erledigte jeweils den Monatsabschluss. Nach 3 Jahren waren wir je zur Hälfte alleinige Aktionäre der Releu AG. Unser Verwaltungsratspräsident Karl Maetzler wurde als Regierungsrat gewählt und ich rückte nach in seine Position. Im Sommer 1995 kommt mein Mann nach 3 Jahren in Gersau wieder zurück: "Ich bin jetzt wieder da, aber ohne Dich." Schlüsselabgabe !!

Hier beginnt meine Leidensgeschichte "Mein Weg durch die Depression". Seiten 8 - 27

Am 24. August 1992 feiern wir mit Gästen und Einwohnern von Bad Ragaz im Garten „15 Jahre Cristal mit Rebers“

„Zwei Dinge sind am schwersten fest zu erhalten:

Das Misstrauen auf sich, wenn alles gut zu gehen scheint,

Das Misstrauen auf Gott, wenn alles schief zu gehen scheint.

Johann Michael Sailer, Bischof von Regensburg (1751 – 1832)

Der treue Glaubende und Liebende mit zähem

Stehvermögen ist in dieser Zeit der Bewährung gefragt – nicht der Held.“

Standesdomherr Dr. Franz Annen, Schwyz (1942 – 2018)

Kirche und ich

Der feste Grund wurde durch das Vorbild meiner Eltern, Grosseltern und meine Verwandtschaft gelegt. Ab meinem Eintritt in den Kindergarten nahm mich Dädi jeden Sonntag in den Gottesdienst mit. Der Kirchenchor sang jeden Sonntag eine lateinische Messe, so dass diese Sprache für mich gehörfällig wurde. Mit Eintritt in die Primarschule gehörte jeden Morgen die Schulmesse zur Unterrichtszeit. Ab der 4. Klasse übten wir jeden Samstag von 11.00 bis 11.30 Uhr mit Kaplan Xaver Amgwerd die Lieder der nächsten Woche ein. Ab der 5. Klasse durfte ich in den Schülermessen als "Vorbeterin" wirken (Heute nennt man das Lektorin.), da meine Stimme sich bestens für diesen Einsatz eignete. Ein- oder zweimal im Monat versammelte uns Kaplan Amgwerd in der Kaplanei zu Gesang, Spiel usw. als "Kreuzfahrer".

In der 1. Klasse an Weihnachten erhielten wir von Kaplan Amgwerd ein Weihnachtsgeschenk. Wir hätten begriffen, um was es beim Empfang der Heiligen Kommunion ginge; deshalb durften wir am Ende der ersten Klasse zum erstenmal zum Tisch des Herrn schreiten. Am Klaustag in der 6. Klasse setzte er mich zusammen mit meinem Kommuniongespan Heidi als Engel für die Klausbesuche in den Familien ein. Am 20. Mai 1955 (Sekundarschule Ingenbohl) spendete Bischof Caminada von Chur in der Alten Kapelle Seewen (Die Marienkirche existierte noch nicht.) das Sakrament der Firmung, wodurch ich voll in die Kirche integriert wurde.

Scharführerin des Blauring Seewen

Mein Versprechen bei der Sendung als Scharführerin und damit Trägerin der "gelben Schnur":

"Liebe Führerinnen und Ringmädchen. In dieser Feierstunde gebe ich Euch bekannt, dass aus der Zahl unserer Führerinnen Fräulein Martha Leuthard als Scharführerin für unsere Pfarrei erkoren wurde, und

Ich erteile ihr hiermit als Präses zu ihrer grossen apostolischen Aufgabe die kirchliche Sendung.

Es ist das höchste Führerinnenamt, das wir in der Pfarrei zu vergeben haben, aber auch das verantwortungsvollste.

Denn der Scharführerin ist neben dem Präses die Hauptsorge für die Pflege und Reinerhaltung des wahren Blauringgeistes in der Pfarrei anvertraut. Die Scharführerin soll nicht nur selbst eine vorbildliche Führerin sein, sondern wegweisend gleichsam die Seele des gesamten Scharlebens werden, indem sie sich besonders bemüht, allen Gruppen und Führerinnen eine kameradschaftliche Helferin und sorgende Mutter zu sein. Wir wissen bestimmt, dass die neuernannte Scharführerin ehrlich bestrebt sein wird, das in sie gesetzte Vertrauen voll und ganz zu rechtfertigen. Wir bitten sie aber, dies jetzt auch vor allen Anwesenden in einem kurzen Treuegelöbnis nochmals zu bekräftigen."

An den Stufen des Altares in der Alten Kapelle legte ich folgendes Gelöbnis ab:

"Vertrauend auf Gottes Gnade und Mariens Hilfe bin ich bereit, nach bestem Wissen und Können, in apostolischer Dienstbereitschaft und in demütigem Gehorsam gegen die Anweisungen der kirchlichen Autorität, die mir als Scharführerin aufgetragenen Pflichten treu und gewissenhaft zu erfüllen und so vor allem den echten Geist des Blauringideals in unserer Pfarrei zu wahren und zu fördern."

Präses Alois Zgraggen: "Als Zeichen Ihrer neuen Amtswürde überreiche ich Ihnen die gelbe Schnur. Sie ist Ihnen zugleich ständige Mahnung an Ihr heutiges Treuegelöbnis. Es segne Sie und Ihr neues Amt Gott der Vater, der Sohn und der Heilige Geist."

Das bekräftige ich mit einem deutlichen „Amen – So sei es“.

Kommunionspende in Bad Ragaz

Im September 2006 erhielt ich von Bischof Markus, St.Gallen, den Auftrag, in Bad Ragaz die Kommunion spenden zu dürfen. Das beinhaltet nicht nur, in den Gottesdiensten und bei Krankenbesuchen die Heilige Kommunion zu spenden. Es heisst auch, dass die Kommunikation gepflegt werden soll.

Bestätigung durch Herrn Bischof Vitus

Nach einem eindrücklichen Gespräch mit Herrn Bischof Vitus in Chur im November 2011 fragte ich ihn:

"Und jetzt, Bischof Vitus?"

Seine Antwort:

"Apostolat Schwiiz".

Geschiedenen-Pastoral, Musikalische Besinnungsstunden, Familie, Grosseltern-Vereinigung usw. waren die Themen. Bereits im darauffolgenden Februar setzte er mit dem

Begegnungstag in Einsiedeln zum Thema "Geschiedenen-Pastoral" ein erstes Zeichen, deren weitere folgten. Herzlichen Dank, Bischof Vitus

Die „Junge Garde“ des Kirchenchors Seewen auf dem Ausflug nach Bad Ischl

Musik und ich

Ab der 4. Primarklasse wurde ich ins "Chörli" aufgenommen. Nach dem Sonntags-Gottesdienst war jeweils Probe bei Lehrer Meinrad Rauchenstein an der Bahnhofstrasse angesagt. Bei Beerdigungen sangen wir Schüler jeweils das Requiem, natürlich in lateinischer Sprache.

Der Übertritt in den Kirchenchor erfolgte 1957 bei Beginn der Handelsschule im Theresianum. Da mein Berufswunsch "Lehrerin" war, belegte ich 2 Jahre Klavierunterricht im Theresianum, welchen ich aber während der Handelsschule aufgeben musste. Das Pensum wäre zu gross gewesen.

Singen und Musik begleiteten mich auch in Zukunft. Als Hilfsführerin, Führerin und später sogar als Scharführerin bildete das Singen einen wesentlichen Bestandteil der Gruppenstunde. Auf manchen Ausflügen erfreuten wir Mitreisende mit dem fröhlichen Gesang der Mädchen. Theaterproben und –aufführungen wurden vielfach abgeschlossen mit Gesang in fröhlicher Runde - wen wundert's, wenn Melk Ulrich dabei war! Als Besitzerin eines Tonbandgerätes sangen meine Schwester und ich im Duett. Catarina Valente, Annelis Rotenberger, Peter Alexander usw. wurden verewigt. Originalschallplatten sind immer noch vorhanden.

Bei Tanzanlässen wurde nicht nur zu bekannten Kapellen getanzt sondern auch viel gesungen. Während unserer Zeit in Nesslau organisierten wir "Metzgete" mit Jost Ribary II, Hans Aregger, Fritz Dünner, Carlo Brunner, Alderbuebe usw. Willi Valotti als Einheimischer durfte natürlich auch nicht fehlen. Dass bei der Feier zu "15 Jahre Hotel Cristal mit der Familie Reber" Musik nicht fehlen durfte, war eine Selbstverständlichkeit. Der Garten wurde mit Tischen und Bänken für gut 100 Personen hergerichtet; 150 kamen, so dass die vorsorglich angelegte Reserve aufgebraucht wurde. Meine Göttibuben, die "Mastrilser Dorfmusikanten", spielten auf. Fritz Dünner und seine Kapelle liess es sich nicht nehmen, "Im Cristal z'Ragaz" unserer Familie zu widmen und meine Cousinen "Geschwister Reichmuth" aus Rothenthurm wagten erstmals nach einigem Zögern einen Auftritt im Freien. Bei ihren Vorträgen war es still wie in einer Kirche, so dass nicht nur das Publikum sondern auch die Vortragenden hell begeistert waren. Während meiner Klinikzeit schloss ich mich dem Nostalgiechörli Bad Ragaz an, mit dem manch schöner Auftritt verbunden war. Daraus ergab sich später der Übertritt in den Katholischen Kirchenchor Bad Ragaz mit der Möglichkeit, als Gastsängerin im Evangelischen Kirchenchor Bad Ragaz mitzuwirken.

.1 Kirchenkonzert Achilles Schnider in Wangs

Achilles als aufmerksamer Zuhörer an seinem

1. Kirchenkonzert in Wangs

Dank dem Engagement meines Gesprächspartners Achilles durfte ich im Dezember 1995 die Ansage des Konzerts in der St. Antoniuskirche von Wangs gestalten. Daraus ergab sich das Mitwirken im dortigen Kirchenchor. Erstmals kam ein Kirchenkonzert unter Mitwirkung eines Musikkorps und Kirchenchors zustande, da er gleichzeitig die Muskantinnen und Musikanten von St.Gallenkappel und den Chor von Wangs dirigierte. Grosser Erfolg war ihm und uns Mitwirkenden beschieden.

Musikalische Besinnungsstunden

schlossen sich an sowie Mitgestaltung von Eucharistiefeiern. Diese sind grösstenteils auf CD aufgenommen, da sie Bestandteil zu "Meinem Weg durch die Depression" sind.

1. Musikalische Besinnungsstunde vom 8. September 2001 in der Evangelischen Kirche von Bad Ragaz Bild: pomt

von links nach rechts

Louis Hüppi, Präsident Pfarrer Künzle Verein

Achilles Schnider, Trompete

B. Martha Leuthard, Text zu Depression Klinikseelsorger

Dr. Walter Rapold, Bibeltexte

Erich Jahn, Orgel, fehlt.

Besonders 2014 ist geprägt durch Mitwirken bei verschiedenen feierlichen Vesper mit Guardian Bruder Ephrem Bucher, Kapuzinerkloster Mels.

Sport und ich

Ski

Dass Skifahren meine Wintersportart sein wird, wurde mir durch die Realisation des Skilifts Herrenboden sozusagen in die Beine gelegt. Meines Vaters Vision als junger Mann setzte er in die Tat um. Jeweils an Sonntagen nach der Christenlehre, welche nach dem Mittagessen angesetzt war, schulterte er zusammen mit seinen Kameraden die Ski und es ging Richtung Mostelberg, Herrenboden zum Hochstuckli. Auf der Talfahrt wurde ein Kaffee- oder Teehalt beim Herrenboden-Käthi eingelegt. Sie war damals die Frau, welche im Rock das Fahren auf den schmalen Brettern beherrschte. Anschliessend ging die Fahrt zum „Bächli". Es folgte der Marsch zum Mostelberg und dann ging's in stiebender Fahrt dem Dörfli Sattel zu.

Mit 8 Jahren erhielt ich und meine Schwester Ruth die ersten Skis. Diese wurden aufgefrischt, da sie vorher den Kindern der Chefin meines Vaters gehörten. Den ersten Versuch auf diesen Latten unternahmen wir auf "Mettler's Hügeli". Mutti wollte mir zu Hilfe eilen, als ich im tiefen Pulverschnee landete. Dädi jedoch war der Meinung, dass s'Martli wieder selber auf die Beine stehen soll !!! Da wir noch zu "klein" waren, um zum Skilift zu kommen, wurden wir drei Kinder (ich 1942, meine Schwester Ruth 1944 und mein Bruder Leo 1947) zu unseren Tanten ins Hageggli gebracht und am Abend wieder abgeholt. Dort war schon eher schlitteln angesagt, was auch mit viel Spass verbunden war.

Mit den Jahren wurden wir zum Herrenboden mitgenommen, wo uns Dädi die Möglichkeit bot, mit dem Billett-Abnehmen Sackgeld zu verdienen. Während der Primarschule waren dies Fr. 1.- pro Stunde, ab Sekundarschule Fr. 2.-, ab der Handelsschule Fr. 5.-. Während der Ausbildung in der Wirtefachschule erhielten mein damaliger Verlobter und ich Fr. 100.-. Damit konnten wir den Unterhalt (Kost und Logis sowie Zugskosten) während dem Aufenthalt in Luzern berappen.

Ruth und ich

Unsere Skikünste nahmen langsam Gestalt an, so dass wir uns an Kinderskirennen am Urmiberg wagen konnten, welche vom dortigen Turnverein organisiert wurden. Ein Glück, dass meine Schwester und ich nicht in derselben Kategorie starten mussten.

Somit gab es immer zwei Siegerinnen in der Familie. Ein Photo-Apparat war der Preis für das gute Resultat. Mit diesem konnte ich viele Erinnerungen an meine Jugendzeit festhalten.

Die nächste Stufe bildete der Einsatz an den Alpinen Skirennen vom Hochstuckli. Mit dem Erfolg auf heimischer Piste wurden meine Schwester und ich in die Renngruppe des Skiclub SattelHochstuckli aufgenommen. Unzählige schöne, kameradschaftliche Stunden gehören zu meinen Erinnerungen, z.B. nach Einsätzen am Brusti, Grimsel, Melchsee-Frutt, Klewenalp, Stoos, Mythen usw.

Dädi war als Gründungsmitglied des Skiclubs Sattel-Hochstuckli stolz auf seine beiden skifahrenden Töchter. Er war aber nicht unglücklich, dass ich beim Nachwuchs-fahrerkurs auf dem Stoos mein rechtes Handgelenk brach und ich somit als Hilfe übers Wochenende am Skilift erhalten blieb. Meine Schwester dagegen rückte auf ins A-Kader der Schweizer Ski-Nationalmannschaft.

Der Lionsclub Bad Ragaz -dessen Mitglied mein Mann war- organisierte jeweils ein Skirennen in den Flumserbergen. Daran nahm ich sehr gerne teil, da meine Kinder die Mutter besiegen wollten, was ihnen aber lange nicht gelang. Mit ihnen zusammen stand ich letztmals auf den Ski, als ich mit ihnen 1985 eine Woche in Aspen verbrachte.

Jugend und Sport

Jules Zehnder, der Chef des Amts für Sport in Schwyz, bewog mich dazu,

den 1. Jugend- und Sportkurs Ski der Schweiz zu besuchen, was ich denn auch erfolgreich tat. Mein Einsatz erfolgte beim Skiclub Sattel-Hochstuckli sowie bei der Sekundarschule Wollerau, welche Dank meiner technischen Leitung einen willkommenen Zustupf ins Klassenlager von Gluringen erhielt.

Über Schnee hatten wir uns im Oberwallis nicht zu klagen, da sogar die Skilift-Anlagen teilweise im Schnee versanken und wacker geschaufelt werden musste. Aber, auch das hatte seinen Reiz!

Schwimmen

Am Lauerzersee aufgewachsen, gehörte es natürlich dazu, dass wir das Schwimmen erlernten. Sr. Adolfa-Maria unterrichtete uns vom sicheren Ufer her und Gusti Bolfing als Bademeister übernahm den praktischen Teil im Wasser. Den Rettungsschwimmkurs brach ich nach der Stufe I ab. Das Wasser scheint nicht unbedingt mein Element zu sein, obwohl ich Krebsgeborene bin.

Orientierungslauf

In diesem Fach erhielten wir Gruppenstunde der Führer der Jungwacht von Seewen mit dem Ziel, am Kantonalen

Orientierungslauf in Tuggen teilzunehmen. Mit grosser Freude chauffierte ich mit Dädis Auto die Mädchengruppe vom Blauring Seewen zum Buchberg. Gespannt waren wir auf die übrigen Gruppen, welche nicht Anfänger wie wir waren. Ein Posten wurde von allen Mädchen nicht gefunden, so dass alle in den Genuss eines Victorinox-Offiziersmesser kamen. Es stellte sich heraus, dass er falsch eingezeichnet war.

Wandern

Unzählige Tage genossen wir Führerinnen zusammen mit den im Blauring zusammengeschlossenen Mädchen auf Wanderungen vor allem im Kanton Schwyz. Aber auch das Urnerland hatte seine Reize, so dass schöne Plätze in den Höhen erwandert wurden. Zwei von mir geleitete Lager führten uns ins Bündnerland mit seinen fast unerfassbaren Möglichkeiten.

Reiten

war meine grosse Leidenschaft - sehr zum Unmut meiner Eltern. "Astra", der Schimmel von Pius Appert war mein Favorit. Da meine jüngste Tante einen Dragoner heiratete, kamen wir in den Genuss einer Kutschen-hochzeit. Meine Schwester, Tante Marie und die Schwägerin der Braut und ich bildeten den Abschluss in der "Ledigenkutsche". Die Fahrt führte nach der Brautmesse in Sattel dem Ägerisee entlang zum Mittagessen nach Unterägeri. Auf dem Heimweg wurde im Eierhals (eines der bekanntesten Fischrestaurants der Innerschweiz) ein Halt eingelegt.

Daraus entstand ein Kontakt zum Kavallerieverein Schwyz, bei welchem ich zweimal als Ehrendame bei Springkonkurrenzen amten durfte. Dank dem guten Einvernehmen mit Ernst Käppeli und durch ihn zu Ernst von Euw, den Gebrüdern Betschart (Transporte Ingenbohl) sowie Röbi Ackermann (Hotelier Brunnen) besorgte ich die Schreibarbeiten für die neu gegründete Reitanstalt Innerschwyz. Bewegung der Pferde war vor allem am Anfang angesagt, so dass ich viele Stunden auf den Rücken der Pferde verbrachte, sei es in der freien Natur oder auch in der Reithalle der Familie Vögeli vom Parkhotel Brunnen. Viele schöne, kameradschaftliche Stunden erinnern an diese Zeit mit Ausritten ins Ägerital, über den Vierwaldstättersee und im Talkessel von Schwyz.

Tennis

Obwohl damals noch ein exklusiver Sport, für welchen der Direktor der Celfa mich begeistern wollte, hätte ich zu gerne "Ja" gesagt; aber meine Eltern waren strickte dagegen. Das konnte ich jedoch nachholen, als wir in Nesslau Gründungsmitglieder und Initianten des Tennisclubs Nesslau-Neu St.Johann waren. Der Belegungsplan lag bei uns im Sternen auf, so dass ich allzeit guten Zugang zu allfälligen PartnerInnen hatte. Zwischen 9 und 10 Uhr war die Martha auf dem Platz anzutreffen; und somit war nach dem Umzug nach Bad Ragaz die Aufnahme in die Damen-Interclub-Mannschaft im neu gegründeten TC Pizol angesagt! Die Mitgliedschaft dauerte nicht lange, da die Arbeit die Fahrt Bad Ragaz nach Wangs immer seltener erlaubte. Nun standen mein Mann und ich dem Vorhaben von Vater Russenberger zur Realisation der Tennishalle Bad Ragaz positiv gegenüber. Das erlaubte mir erneut einen Neustart.

Meine Freizeit

Meine Tätigkeiten waren Beruf, Berufung und Hobby in einem.

Ob ich Lösli, Schoggi-Taler oder Glückskäfer für eine gute Sache verkaufte oder auf dem Parkett das Tanzbein schwang (übrigens leidenschaftlich gern) oder im pulvrigen Neuschnee meine Spur zog oder auf dem Rücken meines Lieblingspferdes Astra ausritt und dabei die Kameradschaft vorwiegend männlicher Begleiter genoss oder auf den Brettern, die die Welt bedeuten Theater spielte oder auf schönen Wanderungen mit den Blauringmädchen die Heimat näher kennen lernte oder einen Gottesdienst mitgestaltete usw. -

Dies alles bedeutete für mich Erfüllung des Lebens innerhalb der uns gesetzten Leitplanken.

Das Fach "Handarbeit" bildete schon während der Schulzeit eine Lieblingsbeschäftigung von mir. Vor allem das Stricken zählte dazu. Während meiner Internatszeit im Theresianum entstanden Pullover usw. Tante Trudi vom Haggeggli, welche durch die Kinderlähmung stark behindert war, erreichte eine grosse Fertigkeit mit einer professionellen Strickmaschine. Diese musste auch für meine Strickkünste herhalten. Nähen folgte ab der 5. Primarklasse. In der Freizeit am Theresianum nähten wir bei Sr. Theogardis Kleidchen für die Mädchen auf den Missionsstationen in Afrika, welche durch Ingenbohler-Schwestern betreut wurden. Das machte grosse Freude, vor allem, wenn wir auf zugesandten Fotos unsere Produkte vor Ort sehen konnten. Während der Blauringzeit kamen dann noch Bastelarbeiten in verschiedensten Variationen dazu.

Die Buchhandlung in Schwyz sah mich sehr gerne als Kundin. Mein Lohn von Fr. 350.- erlaubte keine grossen Sprünge; aber jeden Monat musste ein Buch drinliegen. Dank Agnes Schorno existierte im Untergeschoss der Kaplanei Seewen eine Leihbibliothek, welche jeden Sonntag nach dem Gottesdienst geöffnet war. Für 10 Rappen konnte ein Buch für 2 Wochen geliehen werden, welches aber meistens schon nach einer Woche Nachfolge erhielt.

Mein grösstes Hobby war sicher das Reisen. Unzählige Begegnungen und Gespräche bereicherten diese Zeit des Abschaltens aus dem zum Teil hektischen Alltag.

⊗ Fahrt mit dem Car an den Wolfgangsee und natürlich Mittagessen im "Weissen Rössl",1960. Beim zweitenmal war meine Schulkameradin und -freundin Brigitte dabei.

⊗ Öfters Besuch in Wien für eine Woche mit Genuss von Operetten, Opern und natürlich vom Heurigen und Schloss Schönbrunn. Als Begleitung: Marira Mettler oder Brigitte und Madlen (meine Schulfreundinnen) oder Lehrlinge und Lehrtöchter des Hotels Cristal. In bester Erinnerung der Besuch mit Abstecher nach Ungarn als dieses unter russischer Herrschaft stand. Ungarn besuchte ich auch mit Tochter Andrea C. mit dem Schiff von Passau über Wien, wo wir auf den Bus umsteigen mussten, weil der Pegelstand der Donau zu niedrig war.

⊗ Auch Paris hatte es mir angetan. Beim Besuch mit meiner Schwester landete diese in der Ambulanz eines Spitals und auf dem Polizeiposten, da uns ein 80-jähriger Autofahrer auf seine Autohaube lud und wir anschliessend auf das Pflaster vor dem Eifelturm geschleudert wurden. Dank der Hilfe von Umstehenden verlief diese "Aktion" bestmöglichst, und wir konnten nach Verarztung und Polizeirapport unsere Stadtbesichtigung fortsetzen. Später begleitete ich Volontärinnen aus dem Kanton Schwyz für ein Jahr zur Erlernung der Sprache nach Paris.

⊗ 1965 stand die erste Schiffsreise auf dem Programm. Damals existierten noch keine Kreuzfahrten. Bei Reitferien auf Mallorca lernte ich Gret Huber aus Schlieren kennen. Wir zwei begeisterten auch meine Schwester Ruth zu einer Reise nach Israel. Bis Athen war auch noch eine Zürcherin in der Viererkabine einquartiert, welche sich dort für ein Jahr in einer Familie verpflichtete. Zum Fancy-Dressing-Ball schlossen wir uns einer Gruppe von Jugendlichen aus Jona an und traten als Karawanen-Gruppe auf. Der 21. Geburtstag meiner Schwester wurde mit dem Auftritt von Crew-Mitgliedern in musikalischer Begleitung gebührend gefeiert. Selbstverständlich gehörte auch der Besuch der Akropolis sowie der kulturellen Stätten der angelaufenen Inseln dazu. Im Hafen von Haifa blieben wir leider nur einen Tag, so dass lediglich der Besuch von Jerusalem und Bethlehem mit dem Bus angesagt war.

⊗ Schiffsreisen sind denn auch bis heute meine grosse Leidenschaft. Fluss-Schifffahrt mit Frieda in Frankreich; Nil-Schifffahrt mit Marlyse in Ägypten; Rotterdam-Kanarische Inseln sowie Bari-Hamburg auf dem umgebauten Fischkutter mit Renata; Genua-Alexandria-Haifa sowie nach einem Flug mit der Concorde von Köln nach Santo Domingo und der "Europa" nach Genua mit Edi; Venedig-Athen-Istanbul mit Andrea (mit Gesprächen an Bord mit Heinz Rühmann, wenn alle auf Landausflüge gingen); oder allein im östlichen und westlichen Mittelmeer mit Schiffen der Costa.

□ Mein erster, längerer Swissair-Flug brachte mich nach Zwischenladung in Kopenhagen von Zürich nach Stockholm, wo ich meinen Cou-Cousin Paul besuchte, der dort als Maler arbeitete. Eindrücklich blieb in mir der Besuch des Zoos haften, ebenso Drottningholm mit der Wachtablösung im Königsschloss. Belegte Brote mit Schinken und zugleich Erdbeeren oder Pfirsich war für mich als Schweizerin etwas ganz Neues. Der Kanton Schwyz als meine Arbeitgeberin verfügte über Flugscheine der Swissair, welche sie als Aktionärin erhielt, die sie an Angestellte abgab. Zu 50 % Ermässigung konnten wir Flüge buchen. Dies war trotz Reduktion für die hauptsächlich als Familienväter Arbeitenden unerschwinglich, so dass wir Ledigen reichlich profitieren konnten.

⊗ Sohn David war von unserer Familie der Erste, welcher zusammen mit seiner Grossmutter über den Grossen Teich zu seiner Tante Ruth flog. Wie die beiden das geschafft haben, ohne ein Wort Englisch zu verstehen, geschweige denn zu sprechen, grenzte schon an ein kleines Wunder. Ich folgte ihm erst später zu verschiedenen Gelegenheiten: Ferien während der Schwangerschaft meiner Schwester Ruth; Erstkommunion meines Patenkindes Cathy sowie später ihres Bruders Steve; SOS bei Scheidung meiner Schwester als Unterstützung der Familie aus der Heimat; Graduation von Cathy 1995; Ferien mit

Renata, Los Angeles mit Disneyland, mit dem Auto nach SFO mit Treffen meiner Schwester mit beiden Kindern und Fahrt durchs Nappa Valley, Suter's Fort nach Carson City; mit Renata nach Atlanta, New Orleans, der Küste entlang nach Cristal Bay und Miami und Washington D.C.; mit den Kindern nach Chicago, Toronto, Niagara Falls, Denver, Aspen nach Carson City; allein nach Las Vegas, durch die Wüste nach Carson City; mit Mutti, David und Tante Marie nach Miami, Denver, Los Angeles und zu einigen Abenteuern nach Carson City inkl. Flug nach Vancouver und Seattle, wo wir Cousins von Tante Marie traffen und einen Innerschwyzer Heimatabend à la USA erleben durften. Der eindrücklichste Flug nach Amerika bleibt sicher die Reise mit meiner Tochter Andrea C. nach South Dakota zu den Indianern und anschliessend über Utah mit Kontakt zu Mormonen an den Wohnort meiner Schwester nach Carson City und immer wieder auch zu einem Besuch am Lake Tahoe, wo sie als Skilehrerin mit Schweizer und Amerikanischem Patent seit über 40 Jahren arbeitet.

⊗ Mein grosser Reise-Favorit: der Norden mit begehrtem Reiseziel Island. Süd-Norwegen durfte ich im Winter erleben, von Oslo bis Bergen mit einmaligen, eindrücklichen Erlebnissen. Ein von mir organisierter Nachtflug zur Mitternachtssonne am nördlichsten Zipfel von Norwegen fiel wegen dichtem Nebel "ins Wasser" bzw. die Sonne versteckte sich. Dafür schien sie umso kräftiger, als wir am Sonntagmorgen in Zürich landeten, wir durch die löwengeschmückte Bahnhofstrasse zum Schiffssteg schlenderten und dann per Schiff die Ruhe auf dem Zürichsee bis Rapperswil genossen und anschliessend mit dem Zug nach Sargans fuhren.

⊗ Bei den zwei Schiffsreisen nach Israel blieb es nicht. Nach der Übernahme des Hotels Cristal in Bad Ragaz am 24. August 1977 besuchte ich das Land ca. 14 mal, um unsere Gäste zu einem Apéritif einzuladen. Herzlia, Haifa und Jerusalem waren jeweils die Stationen. Da plante ich jeweils eine Woche ein, damit auch noch ein wenig Zeit zum Erholen blieb. Bei der Swissair-Vertretung fühlte ich mich so richtig gut aufgenommen als Frau - als Geschäftsfrau. Gleichberechtigung ist dort kein Fremdwort. Das steigerte mein Selbstwertgefühl.

Politik

Als Stimmenzähler der Gemeinde Schwyz brachte Dädi die Vorlagen der Abstimmungen beim Mittagstisch zur Sprache. Diese Themen wurden verstärkt, als mein Cousin Arthur die Handelsschule des Kollegiums Maria Hilfe besuchte und bei uns das Mittagessen einnahm. Junge Männer mussten schliesslich auf ihre bevorstehenden Pflichten aufmerksam gemacht werden.

Während meiner Ausbildung am Theresianum Ingenbohl stand die "Staatskunde" als Notenfach auf dem Diplom. Nach dem lebhaften Unterricht konnte ich diesem Fach einiges abgewinnen; Gewisses jedoch vermochte mich nicht in Hochstimmung zu bringen.

Durch die Anstellung auf der Kantonskanzlei Schwyz wurde ich mitten in den politischen Alltag des Kantons hineingeworfen. Erstmals wurde ich mit Parteien konfrontiert, deren Sinn ich jedoch nicht ganz nachvollziehen konnte. Während 5 Jahren wurde ich als gute Stenographistin und Maschinenschreiberin zum Schreiben des Protokolls des Kantonsrats nach Diktat des Staatsschreibers "verknurrt". Jeweils 2 x 1 1/2 Stunden Stenogramm am Morgen und am Nachmittag waren am oberen Limit. Es gab aber auch lustige Begebenheiten, welche im Protokoll festgehalten wurden. An der "chibigen Sitzung" d.h. Budgetberatung musste ich schreiben: "Nun sind aber genug Chläuse aufgestanden; jetzt ist der Schmutzli dran." Dieser Ausspruch stammte von RR Meinrad Schuler, Finanzchef, Rothenthurm.

In der Familie soll beginnen, was leuchten soll im Vaterland

Die ganze Familie auf dem Gotthardpass bei der Fahrt nach Madonna del Sasso

Bei Wahlen und Abstimmungen war die Besatzung der Kantonskanzlei gefordert. Bei ersteren die ganze, bei letzteren nur eine Telefon-Ordonanz, Herr von Euw, Standesweibel Mächler und Staatsschreiber. Da meldete ich mich immer freiwillig. Für 3 Stunden Arbeit konnte ein zusätzlicher freier Tag bezogen werden, welcher das Ferienkontingent von 14 Tagen aufpolierte. Mit Staatsschreiber Dr. Paul Reichlin hatten wir Staats- und Parteikunde in einem.

Mein grosses Vorbild in Sachen Politik im Kanton Schwyz ist sicher

Frau Dr. Elisabeth Blunschy-Steiner, die erste Nationalratspräsidentin der Schweiz.

Sie wurde gewählt, obwohl die Frauen das Stimmrecht noch nicht hatten. Für deren Vater schrieb ich noch Entwürfe von Gesetzen für den Kanton Schwyz. Sie stand auch mit Rat und Tat hinter den juristischen Fragen bei der Gründung der FTS (Frauen- und Töchterfortbildungsschule Schwyz, später FFS = Frauenfachschule Schwyz und ab 2015 ffs = freiwillig für Schwyz). Diese ganze Wandlung durfte sie miterleben. Während meiner Zeit im Hotel Cristal, Bad Ragaz, unterstützte ich die Nominierung in den Nationalrat von Susi Eppenberger, Nesslau, sowie Hans Werner Widrig, Bad Ragaz.

Im Mai 2011 gab ich dem Frauennetz Kanton Schwyz meinen Entschluss als parteilose Kandidatin

"Usem Volk fürs Volk"

des Standes Schwyz in den Ständerat bekannt. Mein gutes Resultat reichte dazu, SR Bruno Frick aus dem Rennen zu werfen. Während der Zeit des Wahlkampfs durfte ich viele einmalige und eindrückliche Bekanntschaften knüpfen, aber auch Einiges an unfairen Machenschaften erleben. Der Aufwand hat sich gelohnt und die positive Seite war die Zurückerlangung eines gesunden Selbstvertrauens. Ein herzlicher Dank gebührt den 72 Wahlhelferinnen und -helfer, welche übrigens ungewollt ziemlich hälftig aufgeteilt waren.

Volks-Xundheit

Als Kneipp-Gesundheitsberaterin zur Fusion von Pfarrer Künzle (CH) und Pfarrer Kneipp (D) bereit. 5 Elemente: Lebensgestaltung, Wasser, Ernährung, Kräuter und Bewegung

Tourismus und für das Alter

Als Hotelière vertraut mit Gästebetreuung, Personalführung und unternehmerischem Denken. Zudem unterrichtete ich an der Hotel- und Tourismusfachschule Chur. Betreuung der Dauermieter[illegible] Sterbebegleitung

Persönlich

Mutter von David (1970) und Andrea C. (1973), Oma von Matteo H. (2010), Begleiterin von "Sorgenkindern", seit 25 Jahren eine "moderne Witwe"

Bereit

meine erhaltenen Talente erneut in den Dienst des Kantons Schwyz zu stellen
1960-65 Verwaltungsbeamtin Kantonskanzlei
1965-67 Strassenbauamt
1967-69 Berufsberatung für Mädchen sowie Sekretärin der Pro Filia und Hausdienstkommission

Hand in Hand lief die Wahl als Gotte der **Kinderparlaments** des Kantons Schwyz. Mit diesem durfte ich viele schöne und eindrückliche Sitzungen im Rathaus Schwyz erleben. Wenn diese Kinder noch lernen, dass sie nicht nur Rechte sondern auch Pflichten haben, steht das Parlament auf besten Füssen. Ich wünsche allzeit gutes Gelingen, denn die Kinder und Jugendlichen sind unsere Zukunft.

Meine besten Freunde / Freundinnen

ℜ Die ersten Kindergartengschpänli Brigitte und Ursula, zu denen sich während der Primarschulzeit Madlen gesellte, standen zu mir in guten und schlechten Zeiten. Von letzteren war eigentlich nur Ursula betroffen, welche sich aber sehr um mich kümmerte. Nach dem Diplomabschluss von Madlen und mir sowie dem Super-KV-Abschluss von Brigitte schlug ich die Gründung der Firma NiSteLe (Nigg/Steiner/Leuthard) vor, ein Schreib- und Kopierbüro, welches in der vorgesehenen Form noch gar nicht existierte. Unsere Dienste hätten von privaten Firmen sowie Verwaltungszweigen in Anspruch genommen werden können, um Engpässe zu überbrücken. Brigitte war sehr zurückhaltend, Madlen gründete eine eigene Firma im Kanton Nidwalden mit Niederlassung in Wien und ich blieb bei der Kantonalen Verwaltung. Leider verlor ich die beiden Freundinnen, bevor sie das 50. Lebensjahr erreichten. Erst dann trat Ursula wieder in mein Leben, welche nach zwei Scheidungen stark mit beiden Beinen im Leben stand.

ℜ Auf einige meiner Jahrgänger konnte ich mich auch verlassen. Vor allem Walter, der als Priester und Kapuziner mit dem Leben stark verwurzelt wurde. Er teilte mit mir und unserer Familie Freud und Leid.

ℜ Hildi Schöbi (die Bäckersfrau) und Theres Kessler (die Metzgersfrau) und ich bildeten in Nesslau ein gutes Trio.

Mit beiden durfte ich erholsame und schöne Ferientage erleben, so dass sich eine gute Vertrautheit ergab. Hildi chauffierte mich denn auch am 31. Oktober 1973 ins Spital Wattwil zur Entbindung von Andrea C. Sie war aber auch diejenige, welche mit mir immer wieder David im Spital Wattwil besuchte und mit ihm spielte nach seinem schweren Unfall mit 20 Monaten im Mai 1972. Bei ihr und ihrem Sohn Max stattete er jeweils mit Lotti nach seiner Entlassung und bis zu unserm Wegzug 1977 unzählige Besuche ab.

ℜ Während meiner "Geschäftszeit" in Bad Ragaz fiel es mir schwer, echte Freundschaften zu pflegen. Meine Freundinnen und Freunde waren unsere Gäste - vor allem die Dauergäste, welche ich teilweise bis in den Tod begleiten durfte. In den schwierigen Zeiten mit Klinikaufenthalten und wieder Fussfassen konnte ich mich auf Rös Untersander, Lore Jerger und später dann auf Martha Görlitz verlassen. Freud und Leid wurde geteilt, und so war es schwierig und lehrreich, die beiden Letzteren loszulassen, als die Letzte Reise angesagt war. Zu Dank verpflichtet bin ich auch Martin Trendle, der mich während der INFO-Zeit in der Arbeit sehr unterstützte; Achilles Schnider, der mich während der schwierigsten Zeit als Gesprächspartner und Vertrauter begleitete sowie André Gauer, dank dem ich wieder im Sarganserland Fuss fassen konnte.

ℜ Während der kurzen Zeit seit meiner Wohnsitznahme in Mels kamen mir viele Frauen und Männer sowie Jugendliche entgegen, denen das Wort "Nächstenliebe" kein Fremdwort ist.

Dafür bedanke ich mich herzlich.

Eheleben und Kinder

Der Himmel hing voller Geigen - oder ev. auch Trompetenklang, als Marira, Verena und ich an jenem 24. Juli 1966 zum Seenachtsfest nach Unterägeri fuhren. Ernst Schuler, ein Arbeitskollege auf dem Kreiskommando Schwyz, war bekannt als Trompeter und Blasorchesterdirigent und spielte in der bekannten Kapelle Nussbaumer im Löwen zum Tanz auf. Sein Bruder Edgar war mit seiner Braut Edith und seinem besten Freund Edi auch auf dem Fest anzutreffen. Es kam wie es kommen musste. Als gute Tänzerin wusste ich natürlich das Talent von Edi zu erkennen. Meinen beiden Mitfahrerinnen sagte ich, dass wir um Mitternacht nach Hause fahren, da am Montag um 07.30 Uhr wieder Arbeitsbeginn (für mich auf dem Strassenbauamt) war. Da ich mich an Abmachungen mit ganz wenigen Ausnahmen hielt, verabschiedeten wir uns und nahmen den Heimweg unter die Räder. In Schwyz angekommen, übergaben wir Marira dem Bett. Vreni wollte nochmals zurück, da sie ebenfalls einen guten Tänzer getroffen hatte, und ich liess das Schicksal entscheiden, indem wir auf dem Hofmatt-Parkplatz ein Zweifrankenstück aufwarfen, welches über meine Zukunft entschied. Erneut wurde der Weg nach Unterägeri eingeschlagen! Rückfahrt um 04.00 Uhr mit Edi an Bord!

Unsere beiden Kinder heissen David und Andrea

Nach unserer Heirat am 1. Oktober 1969 auf dem Zivilstandsamt und am 2. Oktober unserem Eheversprechen in der von meinem Vater erbauten Marienkirche in Seewen SZ wurde uns am 11. Juli 1970 in der Klinik St. Anna in Luzern unser Sohn David geschenkt. Am 15. August standen unsere Brautführerin Hedi (Schwester von Edi) und Leo (mein Bruder) Als Taufpaten von ihm in derselben Kirche. Gleichentags fuhr die junge Familie nach Nesslau im Obertoggenburg, wo wir am 1. Oktober Als junges Direktions-Ehepaar das Hotel-Restaurant Sternen der Brauerei Schützengarten eröffneten und bis zum 24. August 1977 gemeinsam führten.

David –der Sonnenschein von Eltern, Grosseltern, aller Verwandten und Gäste- erlitt am 22. Mai 1972 einen schweren Unfall. Durch unglückliche Umstände erfasst das Kindermädchen mit dem Rasenmäher den kleinen Unterschenkel von David. Er verlor das Bewusstsein und das schnelle und richtige Handeln von Dr. Baumann und der Spitalcrew von Wattwil und anschliessend von Prof. Dr. Segmüller und seiner Mannschaft im Kantons-spital St. Gallen, konnte das kleine Beinchen gerettet werden. Es folgte der lange Weg der Rekonvaleszenz. Den ganzen Winter 1972/73 und auch jeweils die folgenden bis zum Eintritt in die Schule von Nesslau verbrachte David am Skilift seiner Grosseltern auf dem Hochstuckli, wo die Folgen der verschiedenen Narkosen gemildert wurden.

Die Ankunft seiner **Schwester Andrea Christina** am 1. November 1973 (Allerheiligen) wurde nicht nur von Familie, Personal und Gästen des Hotels Sternen freudig angenommen, sondern auch von unserm Erstgeborenen. Er besuchte mich zusammen mit meiner Mutter im Spital von Wattwil, da sein Vater eine doppelte Lungenentzündung auskurierte. Seine Schwester brachte 4630 g bei der Geburt auf die Waage, so dass David mit ihr nicht in Watte verpackt umgehen musste. Nun hatte er nebst seiner Schäferhündin Franca bald eine weitere Spielgefährtin!

David

war im Kantonsspital ein gern gesehener, geduldiger und liebenswerter Patient. Er lernte, zu teilen und Schmerzen durch Mittel für eine ruhige Nacht zu verlangen. Während dem Tag hatte er seine Ablenkung.

Den Empfang von Silber-Walter (Steiner) im Sternen in Nesslau bereicherte er als Kaminfeger mit einer speziell angefertigten Medaille. Im Kindergarten erklärte er seinen Gspänli die Behinderung an seinem Bein. Voll Freude startete er in die Primarschule. Der Wechsel nach den Herbstferien in die Schule Bad Ragaz ging zuerst nicht einfach über die Bühne, da im gleichen Kanton verschiedene Lehrmethoden angewandt wurden. Die Zeit vom Oktober 1977 bis 1. März 1978 verbrachten wir beide zusammen, während Edi mit Tochter Andrea C. die Festung in Nesslau hielt.

David Lieblingsaufenthalt war die Küche.

Grittibänz 1982 im Cristal

Das trug dazu bei, dass er in die Fusstapfen seines Vaters treten wollte, und somit die Grundausbildung als Koch in Erwägung gezogen wurde. Da er mit seiner Verletzung am Bein militäruntauglich sein wird, absolvierte er die Sekundarschule in der Alpinen Schule in Vättis. Um die Umgangssprache in der Küche (Lehrmeister Felix Real, Vaduz) gut zu verstehen, führte der Weg in der 3. Sekundarklasse nach Fribourg. Ein einschneidender Umstand in seinem jungen Leben stellte der Abschied von seinem innigst geliebten und verehrten Grossdädi dar. Die beiden verstanden sich ohne Worte; gegenseitige Blicke genügten. Mit ihm zusammen besuchte er die Baustellen und auch den Steinbruch Fallenbach.

Ein grosser Moment in seinem Leben war auch die Übernahme des Restaurants Adler in Bad Ragaz. David schrieb die Einladung für die geladenen Gäste und kredenzte dem damaligen Präsidenten der RELEU AG (Karl Maetzler) das erste Bier.

Die Lehrzeit in Vaduz war unterbrochen durch einen weiteren Besuch im Kantonsspital mit einer einschneidenden Operation an seinem Bein. Obwohl ich den Professor auf die Schwierigkeiten der erstmaligen Hauttransplantation aufmerksam machte, kam David unters Scalpell. Statt der geplanten zwei Wochen wurden es annähernd 3 Monate, wodurch die Lehrzeit als Koch verlängert wurde. Den Abschluss (vor allem der praktische Teil) schaffte er mit einigen sehr guten Teilergebnissen. Die Prüfung wurde durch den Obmann der Experten für Eidg. dipl. Küchenchefs abgenommen, da widerliche Umstände des Amts für Berufsbildung FL diesen Einsatz erforderten.

David stand vor einem neuen Lebensabschnitt und seine Schwester auch. Deshalb unternahm ich mit den beiden eine Reise zu meiner Schwester, welche seit vielen Jahren ihre Zelte in Nevada USA aufgeschlagen hat. Die einmaligen Erinnerungen an einen wöchigen Skiurlaub in Aspen (mit Besuch bei Stefan Kälin), das Treffen mit meiner Schwester und deren beiden Kindern und als Abschluss der Flug über Toronto und die Niagara Falls sind Tage des Glückgefühls und des Zusammenhalts zwischen Mutter und Kindern.

David zog es in die Fremde und immer wieder zu seinen Wurzeln. Seine Zeit als Holzfäller (Er hätte den Betrieb übernehmen können.) im Westen der USA, die Saison als Koch und Wirt (zusammen mit der damaligen Freundin, welche er im Real kennen und schätzen lernte) in Squaw Valley, sein Einsatz im elterlichen Betrieb in Bad Ragaz usw. sagten ihm zu. Er stieg sogar auf Dächer und betätigte sich als Baggerfahrer. Seine Art, mit Menschen umzugehen, sprach seine Umgebung an. Der Winter galt jedoch der Beschäftigung am Skilift seines Grossvaters und Göttis. Mein Vater war der Pionier in SattelHochstuckli. Sein Skilift war die Nummer 98 schweizweit. Bruder Leo absolvierte die Lehre als Seilbahnbauer bei der Weltfirma Garaventa in Goldau. Handwerkliches Geschick war gefragt. Das sagte David zu. „Schnee machen" hiess das Thema. Die eigene Wasserquelle lieferte den Rohstoff. Das Bedienen der Pistenmaschinen fiel ebenfalls in den Arbeitsbereich. Später folgte die Ausbildung im Rettungsdienst. Bis heute ist im Winter seine Heimat im Herrenboden. Seit Frühling 2017 erhielt David eine Anstellung auf dem Golfplatz von Bad Ragaz.

Arbeit im Freien –in der Natur- sagt ihm zu.

Andrea Christina

wuchs im Sternen Nesslau auf und hielt als „Kleiner, blonder Knopf" Gäste und Personal in Schach. Das setzte sie dann auch im Cristal Bad Ragaz fort, als sie im Frühling 1978 mit ihrem Vater bei David und mir einzog. Die vierköpfige Familie bewohnte eine der beiden Suiten und ein Zimmer. Bekocht wurden wir durch die Hotelküche. Jeweils am Donnerstag Abend begrüsst Edi die Gäste des Hauses in der Hotelhalle mit einem Apéritif; Andrea unterhielt diese mit Gesang, Tanz und was ihr sonst noch einfiel.

1979 vor Ostern war ein Besuch mit Grossmutti bei ihrer Patin Ruth in Amerika angesagt. Das geschah dann nicht, weil Andrea beim Überqueren der Bahnhof-strasse von einem Auto angefahren, aufs Trottoir geschleudert und mit Beinbruch und Hirnerschütterung ins Spital von Walenstadt eingeliefert wurde. Dies war eine sehr schwierige Zeit für sie. Das Liegen und Stillehalten fiel ihr sehr schwer. Nachher kam die Zeit des Gehenlernens und das Bedienen des fahrbaren Mobils, welches sie mit den Armen in Bewegung setzen konnte. Den Weg zum Kindergarten bewältigte sie bald gekonnt, da sie denjenigen an der Bahnhof-strasse besuchen durfte.

Beim Eintritt in die Primarschule wurde eine leichte Legastenie festgestellt, welche mit speziellem Unterricht bis zum Ende der Sekundarschule, welche sie im Mädchenpensionat in Wurmsbach absolvierte, behoben war.

Nach 9 Schuljahren wechselte sie zur letzten Klasse ins Schulhaus Seidenbaum in Azmoos, da wir unsern Wohnort nach Malans bei Oberschan verlegten.

Nun schlug die Stunde der Berufswahl, da Andrea nicht mehr weiter die Schulbank drücken wollte. Bei Flumserberg Tourismus absolvierte sie die Schnupperlehre, musste aber einem Burschen den Vorrang geben, da nicht „zwei Reber" am Berg willkommen waren. Bei der Generalagentur einer Versicherung konnte sie sich nicht anfreunden, so dass sie mich bat, die Lehre als Kauffrau im Cristal absolvieren zu können. Dank meinen vorgängig gut ausgebildeten Lehrtöchter, erhielt ich die Zusage für die Ausbildung von gleichzeitig zwei Frauen. Dies stellte sich im Nachhinein als glückliche Lösung heraus, da der Wetteifer geweckt war. Schriftliche Hindernisse wurden durch die Praxis wettgemacht. Andrea ist mit Leib und Seele Hotelfachfrau. Nach dem Lehrabschluss folgte die Weiterbildung an der Hotelfachschule Luzern mit den verlangten Praktiken in Küche und Service sowie der erste Einsatz als Chef de réception im Kongresshotel Davos. Dort traf sie auf die „grosse, weite Welt". Dank meiner Tochter Andrea C. durfte ich Prof. Dr. Schwab kennen lernen. Bei ihm arbeitete seit Beginn des WEF eine gute Kollegin aus meiner Zeit im Theresianum Ingenbohl. Da ergaben sich angeregte Gespräche. Andrea betätigte sich in der Freizeit als dipl. Kinderskilehrerin und betreute als solche die Kinder der Familie Wyrsch, welche das Bélvédère in Davos als Direktions-Ehepaar führte. Der Wechsel in dieses renommierte Familienhotel war die natürliche Folge; und als Marketingleiterin konnte sie ihre Talente und Fähigkeiten voll ausnützen. Ihr oblag die Organisation von ca. 150 Anlässen in 5 Tagen! Für mich war der Einsatz als Garderobière geplant. Diesen genoss ich sehr. Schweren Herzens teilte mir Andrea C. mit, dass sie der Hotellerie den Rücken kehrt und ins Fussball-Geschäft in Luzern einsteigt. Dort war sie verantwortlich für alle Anlässe von Chelsea United (England). Nun war die Zeit gekommen, wieder ins Sarganserland zurückzukehren, da sie in Balzers für den dortigen Fussballclub arbeitete. Nach kurzem Einsatz rief der Liechtensteinische Fussballverband, nachdem sie die Schulung bei UEFA und FIFA durchlaufen hat. In der Zeit nach Luzern gab Andrea Matthias in der St. Leonhardkirche Bad Ragaz am 7. Juni 1973 das JA-Wort. Als stolze Mutter durfte ich meine Tochter zum Trau-Altar führen, nachdem ich mit der Kutsche an der Elestastrasse abgeholt wurde. Lange hielt das junge Paar Grosseltern, Freunde und Verwandte in erwartungsvoller Stimmung.

Am 31. August 2010 erreichte mich die glückliche Nachricht, dass Andrea Matteo Hubertus

im Spital Grabs in den Armen halten durfte und mich dadurch zur Oma machte.

Brief an den lieben Gott vom 4. Januar 2002

Du hast Dich mir spürbar gezeigt, als ich im April 1995 im Zweifel darüber war, ob ich diesen oder jenen Weg gehen soll. Du hast mir gesagt, dass ich aufstehen und die mir gebotene Hilfe -nämlich das Gespräch mit Achilles- annehme. Du allein kanntest meine Zweifel, ob Fortsetzungen stattfinden, welche Balsam für meine kranke Seele und mein angeschlagenes Gemüt waren. Kann man Hilfen ausschlagen, welche angeboten werden? Ist das Vernunft?

Du hast von mir keinen Verzicht der Gespräche verlangt, als ich diese aufgeben wollte. Meine Zweifel waren gross - Du hast sie klein und Mut gemacht, Hilfe anzunehmen. Es ging mir gut - vielleicht zu gut. Die ganze Umgebung tauchte in eitel Sonnenschein, wenn ich beglückt meinen Gesprächspartner erwartete. Wir fühlten uns in dem gegebenen Rahmen wohl - geborgen und unverwundbar. Dieses Gefühl beflügelte uns, half uns, Pläne zu schmieden, Wünsche zu äussern. Das dauerte fast ein Jahr bis mein Gesprächspartner (welcher für mich Lebensbegleiter war und vermutlich immer bleiben wird) die volle Gewissheit erfuhr, dass er Erzeuger eines Menschenlebens war. Wir sprachen über die Geburt meiner beiden Kinder. Vielleicht konnte ich dadurch mithelfen, ihm die Vaterrolle etwas näher zu bringen.

Ich hoffe, Du hast mir verziehen, dass mein Verzicht auf diese wunderbare Beziehung aus meiner Sicht nie ganz erfolgte. Dies bestärkte auch der Ausspruch seines besten Freundes: "Er kommt wieder zu dir zurück; er bestimmt aber den Zeitpunkt." Dieser Satz hielt mich denn auch davor zurück, meinem irdischen Leben ein Ende zu setzen. Nur zu gut erinnere ich mich an jenen Samstag Nachmittag, als ich einen Wege suchte, um dies auf möglichst schmerzlose Art zu tun. Ab diesem Tag begann der Wettlauf mit dem Leben: jenes Leben, welches ich noch einmal in die Hand nehmen möchte und zum Teil auch geniessen, indem ich für andere weiterhin da bin. Aus der Workaholic soll eine liebenswerte Person werden, welche lernt "nein" zu sagen, wo ein "Nein" hingehört und offen "JA" zu sagen, um in Deinem Dienst zu stehen.

Wie glücklich war ich nach vier harten Jahren, als mein Lebensbegleiter in mein Leben zurückkehrte und mit mir plaudern wollte. Sehnsüchtig habe ich diese Stunde erwartet, denn ich erinnere mich an jene Zeiten zurück, als ich den Telefonhörer in der Hand hielt und um ein paar Worte froh gewesen wäre. Du liessest mich den Hörer immer wieder einhängen, ohne dass mein Wunsch in Erfüllung ging. Du liessest es zu, dass ich weder lesen, noch schreiben, noch Musik hören konnte. Von einem gesunden Schlaf will ich schon gar nicht sprechen. Durch Dein Erbarmen brachte mir der Lebensbegleiter Hilfe. Das letzte Weihnachtsfest und vor allem der Neujahrstag brachte mir das ersehnte Glück.

Ich bot mich Dir als "Werkzeug" an, als ich den Reiki-Kurs besuchte. War es wirklich kindlicher Leichtsinn, als ich mich anfangs dieses Jahres hingab? In letzter Zeit treten immer wieder Zweifel auf, ob ich dem auch gerecht werde. Es ist teilweise sehr hart, allein als Werkzeug zu dienen, obwohl Du weisst, dass es gemeinsam viel besser gehen würde. Der "Bergsturz von Goldau" bleibt mir vermutlich stets in Erinnerung. Weshalb suchst Du mich aus, solche Spannungen auszuhalten? Hast Du auch daran gedacht, dass es nicht einfach war, die heulenden Elfen um das Haus auszuhalten? Wer hat überhaupt mitgehört? Ich spüre aber auch immer wieder Deine Engel, vor allem aber meinen Schutzengel Christina, der mich intensiv begleitet und vermutlich oftmals den Kopf schüttelt, wenn die Martha wieder einmal die Grenzen überschreitet. Willst Du wirklich, dass ich das alles allein schaffe? Setze ich meine Ziele tatlich zu hoch? Herzlichen Dank für die Lösung mit Kerry, welche sich verheissungsvoll anzubahnen scheint.

Ich sehe Dich als Dreieinigkeit. Du erscheinst mir tagtäglich im Universum, das Du für uns Menschen geschaffen hast und das wir sinnvoll nutzen dürfen und sollen. Immer wieder entgleisen wir und wirtschaften wie kleine Weltmeister. Obwohl es viele Menschen mit dem Mahnfinger gibt, übersehen wir diese, denn Veränderungen im Leben schmerzen. Hin und wieder habe ich auch den Eindruck, dass Dein Sohn Apostel um sich schart, um uns auf Deinen Weg zu bringen, dank dem das Universum erhalten bliebe. Ich bedanke mich für das Licht. Habe ich es richtig ausgenützt? Wenn nein! Vergib mir meine Schuld, wie auch ich vergebe meinen Schuldigern. Führe mich aber nicht in Versuchung, sondern erlöse mich.

Du weisst, dass mein Weg zu Dir über Maria führt. Für mich steht sie wirklich an der Spitze der Wohltäter, sonst gäbe es nicht so viele Wallfahrtsstätten, an welchen sie sich gegenüber den Menschen bemerkbar machen durfte. Lass sie weiterhin unsere Fürbitterin bei Dir sein. Vielleicht könnte mit einer kleinen Änderung des "Gegrüsst seist Du, Maria" auch der evangelische Teil der Christen zu diesem Gebet finden, welches meines Erachtens speziell für einen guten Tod bittet, den wir alle "durchwandern" müssen. Meine Version wäre:

Gegrüsst seist Du, Maria! Voll der Gnade - der Herr ist mit Dir.

Du bist verehrt unter den Frauen.

Und verehrt ist die Frucht Deines Leibes - Jesus.

Heilige Maria, Mutter vom Sohn Gottes, bitte für uns Sünder

Jetzt und in der Stunde unseres Todes;

Denn der Tod ist das Tor zum Leben. Amen

Gott braucht keine Mutter; aber Jesus als Sohn Gottes wurde von Maria geboren. Glaubst Du, dass die Menschen mit weniger Angst und Bange durch dieses Tor in eine andere, bessere Daseinsform schlüpfen, wenn sie Maria darum bitten?

Dies sind nur ein paar Gedanken am letzten Tag des Jahres 2001.

Dankesbrief an den liebenden Gott vom 22. Mai 2006

Heute ist es mir ein grosses Bedürfnis, Dir von ganzem Herzen zu danken für die wunderbaren Fügungen, welche mich lehrten, mich besser zu verstehen. Die Lebensberaterin ermahnt mich, mich mehr zu lieben, so dass es möglich wird, näher zu Dir und den Mitmenschen zu kommen.

Meine Tochter Andrea Christina führte mich zu den Indianern von South Dakota. Die einmalige Einladung an Weisse zu einem Sonnentanz werde ich Zeit meines Lebens zu schätzen wissen. Auch nach der zweiten Blockade von 2002 bis 2005 waren es die Indianer, welche über Dich Licht zu mir schickten und ich von einer Stunde auf die andere wieder lesen, schreiben und Musik hören konnte. Auch die Lust zum Reisen kam wieder.

Eine grosse Hilfe bedeutete für mich die Bestimmung meiner Aura, welche durch die Aura-Fotographie bestimmt wurde. Johannes deutete diese wie folgt:

"Deine Farben in deiner Aura sind hauptsächlich Indigoblau und Violett. Dies sind sehr hoch schwingende Farbfrequenzen. Demzufolge zeigt sich auch ein erhöhter Wahrnehmungsbereich. Bei dir ist es sehr wichtig, dass du tief in dich hineinhorchst, um auch deine eigene innere Stimme zu hören. Dazu kommt das Thema Vertrauen: Vertrauen in Dich und deine Fähigkeiten und

Wahrnehmungen bis in die Tiefen deiner Seele. Wenn du Vertrauen in dich hast, wird deine Entscheidungskraft sich stark steigern.

Dein Potential liegt auch im 'sich führen lassen'. Das bedeutet auch, auf den richtigen Zeitpunkt waren können. Dann, wenn es ganz stimmig in dir ist, dann kann's losgehen. Geduld wird hier von dir verlangt: Geduld mit dir selber, mit der Umwelt, Geduld für den 'richtigen Zeitpunkt'. Das alles setzt Vertrauen in dich und deine Führung voraus. Usw. "

Beim Kurs über Reiki habe ich zwei Karten gezogen. Die eine zeigt den Erzengel Uriel, die andere die Eule. Uriel ist der Herrscher dcr Sonne und der stahlendste der Erzengel. Man sieht ihn mit einer Flamme in der offenen Hand. Er herrscht auch über Donner und Schrecken. Uriel ist manchmal mit einem Buch zu seinen Füssen dargestellt, dem Buch mit den Heilkräutern, das er Adam gab. Uriel bringt uns das Licht des Wissens um Gott. Er hilft uns, das Licht in allen Menschen zu ehren und unsere innere Stimme zu deuten und zu entschlüsseln. (Als Gefirmte verlasse ich mich jetzt auf den Heiligen Geist / Anmerkung 2015.)

Zum Thema Eule lese ich: "Sich in den Klängen verlieren, um im erleuchteten Herzen der Nacht umherzuschweifen. Sich mit ihrem scheinbaren Schweigen vereinen, um das Flüstern des verborgenen Lebens zu hören, das in Harmonie schwingt. Mit ihrer Intimität verschmelzen, um das Herz für die Stille zu öffnen."

Mitenand gaht's besser - Aussäen

Mein bester Therapeut, der treue Hund Kerry, zwang mich, am Morgen das Bett zu verlassen, die Natur zu geniessen und deren Schönheit zu bewundern. Er wurde mit den Jahren mein bester Freund und half mir ins Leben zurück. Beim morgendlichen Spaziergang ergab es sich, dass ich betete. In der ersten Gruppe gedachte ich lieber Verstorbener aus meinem Umkreis, die ich persönlich begrüsste (auch als Gedächtnis-training). Bei der zweiten Gruppe handelt es sich um Personen, die in meinem Adressbuch enthalten sind und besonders für meine Nächsten.

Dank dem, dass ich seit Dezember 2005 wieder lesen kann, kommst Du mir wieder näher. Die Bibel ist wirklich an Spannung nicht zu übertreffen. Gerade jetzt fasziniert mich die Schöpfungsgeschichte. Aber auch die Stelle des Evangelisten Lukas stimmt mich nachdenklich:

"Und wenn ihr von Kriegen und Unruhen hört, lasst euch dadurch nicht erschrecken! Denn das m u s s als erstes geschehen, aber das Ende kommt noch nicht sofort.

Dann sagte Jesus zu ihnen: Ein Volk wird sich gegen das andere erheben und ein Reich gegen das andere. Es wird gewaltige Erdbeben und an vielen Orten

Seuchen und Hungersnöte geben; schreckliche Dinge werden geschehen, und am Himmel wird man gewaltige Zeichen sehen."

All diese Hilfen steigerten mein Selbstwertgefühl und machen das Leben wieder lebenswert. Ich fühle mich heute stark genug, mich Dir zu fügen und mich als "Werkzeug" anzubieten. Nicht zuletzt führt mich mein Schutzengel Christina, der immer da ist, wenn ich in guten und schlechten Momenten mit ihm Kontakt aufnehme.

ICH DANKE DIR UND BIN BEREIT!

Foto: M. Derflinger

Mit Schwung in die letzte Lebensphase

„Ein bisschen Liebe von Mensch zu Mensch ist besser als alle Liebe zur Menschheit.“ Richard Dehmel (1863 – 1920)

Foto: U. Ofner-Hafner

Versöhnung und Neubeginn

Höre nie auf, anzufangen! Fange nie an, aufzuhören!

Abend für Abend führt uns die Tagesschau weltweit Kriege und Konflikte vor Augen. Diese sind oft von Hass und einer un-versöhnlichen Haltung getragen. Auch bei uns gibt es Konflikte in der eigenen Familie, Missverständnisse zwischen Kindern und Eltern, Erbstreitigkeiten und eine grosse Zahl von Ehescheidungen. Gesellschaftlich und kirchlich leben wir in einer weitgehend unversöhnten Welt. Es nützt wenig, nur von grossen Versöhnungsaktionen und Friedensbestrebungen zu träumen. Wir müssen uns dort um Versöhnung bemühen , wo wir dafür wirklich etwas tun können.

- Jedes Versöhnungswerk beginnt bei uns selbst.
-
- Einander vergeben
- Neu anfangen – neu leben
- Wir brauchern Menschen, die uns begleiten

Klares Sehen

Meditation

7 Farben des Regenbogens und 7 Erzengel

„Über die Augen zum Herzen“

Die Anforderungen im Beruf und im gesellschaftlichen Zusammenleben haben zugenommen. Die Grenze der individuellen Belastbarkeit wird oft überschritten. Verspannungen und Verkrampfungen sind die Folgen. Diese führen zwangsläufig zu seelischen und körperlichen Reaktionen und Beschwerden. Stress ist die Antwort auf Belastungen. Viele körperliche und seelische Beschwerden –insbesondere auch viele Augenbeschwerden- sind Folgen solcher Dauerantworten des Körpers.

Durch gezielte Entspannungsübungen kann auf den ganzen Menschen – und mit speziellen Augenübungen auf das ganzheitliche Sehen- heilend Einfluss genommen werden durch Aktivierung der eigenen seelischen und körperlichen Kräfte.

Wasser Bewegung Gestaltung Ernährung Kräuter

Einzigartig ist das Element der Hydrotherapie mit ihren Wasserbehandlungen nach Pfarrer und Wasserdoktor Sebastian Kneipp. Geboren 17. Mai 1821 in Stephansried bei Ottobeuren, aufgewachsen mit vier Schwestern in armen Verhältnissen. Als Schulkind mehrere Stunden am Webstuhl, später Knecht, Maurer und Tagelöhner. 1844 Gymnasium. Erkrankung an Lungentuberkulose. Er entdeckte „Von der Kraft und Wirkung des frischen Wassers“ und nahm in der winterlich kalten Donau dreimal wöchentlich kurze Tauchbäder und wurde gesund. 1852 Priesterweihe, Kaplan und Pfarrvikar im Bauern-dorf Boos. Erfolgreich 42 Choleraerkrankte behandelt, erhält den Beinamen **„Cholerakaplan“.** Ab 1856 Wörishofen als Beichtvater, Leiter der Landwirtschaft, Verfasser eines Bienen-büchleins, Kräuterapotheke und Gründer einer Mädchenschule für Haus- und Landwirtschaft; ab 1881 Pfarrer in Wörishofen, Zusammenarbeit mit den Ärzten Dr. Bernhuber und Dr. Kleinschrod, Bücher: „Meine Wasserkur“ und „So sollt ihr leben“ in viele Sprachen übersetzt. Bucherfolge des Jahrhunderts. Gründung Kneippverein Wörishofen, „Kneipp-Blätter“, „Ratgeber zur Kinderpflege“, Vortragsreisen, Päpstlicher Geheimkämmerer, Gründung Kneipp-Ärztebund, Kneippianum, Gründung Internationaler Kneippbund. Wörishofen wird zum Kneippkurort mit ärztlich geleiteten Sanatorien. 17. Juni 1897 Todestag von Priester Pfarrer Sebastian Kneipp.

„Ist das Wasser für den gesunden Menschen ein vorzügliches Mittel, seine Gesundheit und Kraft zu

erhalten, so ist es auch in der Krankheit das erste Heilmittel. Es ist das natürlichste,

einfachste, wohlfeilste und –wenn recht angewendet-

das sicherste Mittel.“

Die Blutwäsche mit der Dauerbrause

Dr.med. Friedrich Dorschner

„Es gibt wohl kaum ein Bad, das den Anforderungen von Arzt und Patient an eine Wasseranwendung in so idealer Weise entsprechen würde wie dieses. Es ist angenehm, gut verträglich und leicht anwendbar, bereitet wenig Mühe und ist trotzdem intensiv wirksam. Es kann genau dosiert und vielseitig angewendet werden und verlangt weder technisch noch personell grossen Aufwand….."

„Jede Anwendung ist eine Zuwendung."

„Kneippe heute, Kneippe morgen
Weg sind die gesundheitssorgen!"

B. Martha vom Morgartä (Leuthard)

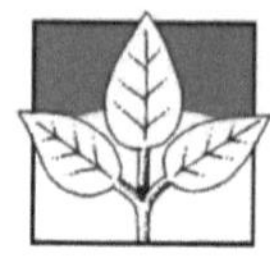

Am 3. September 1857 wurde Johann Künzle als Jüngster von insgesamt 12 Kindern geboren. Er pflegte und betreute die Tiere auf dem elterlichen Bauernbetrieb und erledigte Feld- und Gartenarbeiten. Die umsichtige Mutter war durch ihre Fürsorge für die Familie ebenso prägend wie der Vater, der dem Kind die Schönheit der Dinge in der Natur zeigte und erklärte. Vater verstarb früh. Johann verspürte den Wunsch, Priester zu werden. Matura in der Stiftsschule Einsiedeln, Botanik-Professor Pater Ludwig legte Grundstein zur späteren Berufung als Kräuter-pfarrer. Studium Theologie und Philosophie in Belgien, Priester-seminar in St.Georgen, St.Gallen, 1881 Primiz in der Kathedrale St.Gallen, Kaplan in Gommiswald, Mels, Kirchberg SG, Pfarrer in Libingen SG und Amden. Sein Wissen über einfache Heilmethoden –wenn kein Arzt zugegen war- rettete manch einen vor dem Tod.

Redaktor von „SS Eucharistia“, „Pelikan“, „St. Michael“ und „Emanuel“.

Pfarrer in Buchs SG und Herisau AR. Das dort ersteigerte Medizinalkräuterbuch von Dr. Jakob Theodor Tabernaemontani beschrieb die Pflanzen aus botanischer und medizinischer Sicht. Seine Studien ergänzte er durch Erkenntnisse aus dem Werk der Hildegard von Bingen. 1909 bis 1920 letzte Stelle als Pfarrer in Wangs SG. Im Kanton St.Gallen war das Praktizieren als Naturheilarzt nicht erlaubt; der damalige Bischof von Chur machte dem eigenwilligen Mann Mut und empfahl ihm, sich in seiner Diözese niederzulassen. 1920 zog er mit der Nichte als Sekretärin nach Zizers GR.

1911 erschien „Chrut & Uchrut“, verständlich verfasst und zu einem erschwinglichen Preis mit einer Auflage von gesamthaft über 2 Millionen. Parallel dazu erschien der Kräuteratlas – ein weiterer Bestseller mit über 1 Million Exemplaren. Grosse Beachtung fand der 1914 organisierte Kräutermarkt im Frühling in Wangs. 1939 gründete der Kräuterpfarrer in Zizers die „Kräuterpfarrer Künzle AG.“ Seine gesammelten Erfahrungen verarbeitete der Kräuterdoktor im kurz nach seinem Tod erschienenen „Das grosse Kräuterheilbuch“. Mit diesem Werk übergab er sein Vermächtnis der leidgequälten Menschheit, auf dass sie sich jederzeit Rat holen konnte.

Vom 8. auf den 9. Januar 1945 starb Pfarrer Johann Künzle und wurde auf seinen Wunsch am 11. Januar in Wangs zu Grabe getragen, wo heute noch seine Grabstätte auf dem Friedhof zu finden ist.

Heilpflanzen spielen in Kombination oder als Ergänzung zum Wasser-Heilverfahren in der natürlichen Gesundheitslehre eine bedeutende Rolle. In der Künzle-Phytotherapie wird die ganze Heilpflanze mit ihrem naturgegebenen Wirkstoffkomplex verwendet:

Innerlich

als Heilkräuter, Frischpflanzensaft, Kräuterwein, Gewürz, Kräuteressig.

Äusserlich

als Kräuterzusatz für Bäder, Dämpfe und Inhalationen,

als Heublumensack, Kräuterkissen und noch vieles mehr.

Gezielt und sinnvoll eingesetzt bei leichteren

Beschwerden, zur Beruhigung, als Verdauungshilfe usw.

entfalten sie – ohne unliebsame Nebenwirkung- ihre sanfte Wirkung.

www.pfarrerkuenzle.ch

Hildegard von Bingen

Theologin, Ärztin, Äbtissin, Musikerin, Kirchenlehrerin

„Frauen bewegen die Päpste" Beate Beckmann-Zöller

„Die Seele ist wie ein Wind, der über die Kräuter weht, und wie ein Tau, der auf die Gräser träufelt, und wie ein Regenluft, die wachsen macht. Genauso ströme der Mensch sein Wohlwollen aus auf alle, die da Sehnsucht tragen. Ein Wind sei er, indem er den Elenden hilft; ein Tau, indem er die Verlassenen tröstet, und Regenluft, indem er die Ermatteten aufrichtet und sie mit der Lehre erfüllt wie Hungernde: Indem er ihnen seine Seele hingibt."

„In der Musik hat Gott den Menschen die Erinnerung an das verlorene Paradies hinterlassen."

„Musik ist die Sprache der Engel."

„Du hast in Dir den Himmel und die Erde."

Musik ist für Gesundheit und Genesung segensreich. Aber nicht jede Art von Musik eignet sich gleich gut dazu.

„Von der Heilkraft der Steine"

Begründerin der Heilkunst, Weisheit des Helfens und Heilens

Kirchlicher Gedenktag: 17. September

Ernährung

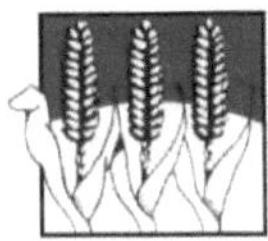

Die Ernährungstherapie empfiehlt eine ausgewogene vital- und faserstoffreiche Vollwertkost aus möglichst frischen und biologisch angebauten Lebensmitteln.

Die Hälfte der täglichen Nahrungsmenge soll aus Rohkost bestehen: Obst, Salat, Gemüse, je nach Jahreszeit gekeimtes Getreide, Frischkorn-Müesli, Nüsse, Vorzugsmilch, Milchprodukte, kaltgeschlagene Öle. Zu meiden sind raffinierte und denaturierte Nahrungsmittel wie Auszugsmehle, isolierte Zucker, gehärtete Öle, chemische Zusätze in der Nahrung, zu hoher Fleischkonsum (vor allem Schweinefleisch und Wurstwaren).

„Mein Essen war einfach: morgens Kaffee mit viel Milch oder Mehlsuppe oder Habermus; mittags Suppe, viel eigenes Gemüse und Obst (wenig Fleisch); abends Suppe und Gemüse, je nach der Jahreszeit."...

„Kräuterarzt" Johann Künzle

„Lasst das Natürliche so natürlich wie möglich. Die Zubereitung der Speisen soll einfach und ungekünstelt sein. Je näher sie dem Zustand kommen, in welchem sie von der Natur geboten werden, desto gesünder sind sie."

„Wasserdoktor" Sebastian Kneipp

Bewegung

Die Bewegungstherapie umfasst alle Möglichkeiten der aktiven und passiven Bewegung.

Zum Ausgleich soll mit Freude –und je nach Neigung des einzelnen- regelmässig Ausdauertraining betrieben werden. Flottes Marschieren und Wandern mit vernünftigem Schuhwerk, Gymnastik, ausgleichende Sportarten wie Radfahren, Schwimmen, Langlaufen werden empfohlen – besonders weil sie an frischer Luft durchgeführt werden können. Hochleistungssport wird nicht verlangt. Bewegungs- und Atemübungen werden sinnvoll mit den Wasseranwendungen kombiniert.

„Es ginge alles besser, wenn man mehr ginge!"

German M. Schleinkofer sel., Sebastian-Kneipp-Schule, Bad Wörishofen

„Zunächst kümmerte ich mich nicht um meine Neider und meine Verleumder: ich verbannte den Ärger und unterhielt mich –sooft ich angegriffen wurde- mit meinen treuen Haustieren, vor allem mit meiner anhänglichen Hauskatze und dem aufmerksamen Hund, die mich beide auf meinen täglichen Spaziergängen begleiteten."

„Kräuterarzt" Johann Künzle

„Untätigkeit schwächt, Übung stärkt, Überlastung schadet."

„Wasserdoktor" Sebastian Kneipp

Franz von Assisi mit Wolf

Franziskus und Klara von Assisi

Mach mich zum Werkzeug Deines Friedens, o Herr,

dass ich Liebe übe, wo man sich hasst,

dass ich verzeihe, wo man sich beleidigt,

dass ich verbinde,da, wo Streit ist,

dass ich die Wahrheit sage, wo der Irrtum herrscht,

dass ich den Glauben bringe, wo der Zweifel drückt,

dass ich die Hoffnung wecke, wo Verzweiflung quält,

dass ich ein Licht anzünde, wo die Finsternis regiert,

dass ich Freude mache, wo der Kummer wohnt.

www.ite-dasmagazin.ch

Diese anspruchsvolle Säule ist Grundlage der anderen Säulen und umfasst die ganze Lebensführung.

Ein gesundheitsorientierter Mensch denkt und handelt positiv; er lebt in Einklang mit den Gesetzen der Natur und fügt sich in die von Gott gegebene Schöpfungsordnung. Unser Leben braucht Ordnung sowie einen vernünftigen Rhythmus zwischen aktiver Leistung und ausgleichenden Ruhezeiten. Sie greift über den einzelnen Menschen in den ökologischen Bereich und verlangt eine sinnvolle Nutzung von Licht, Luft, Wasser, Erde und ernsthaftem Bemühen, eine saubere Lebens- und Umwelt zu erhalten. Im sozialen Bereich fordert sie Hilfsbereitschaft und Nächstenliebe. Im geistigen Bereich haben Pfarrer Sebastian Kneipp, Pfarrer Johann Künzle, die Heiligen Hildegard von Bingen, Franziskus von Assisi, Pater Pio (Pio von Petrelcina) sowie Mutter Teresa usw. die Religion als Lebenshilfe und Energiequelle in die Lebensgestaltung miteinbezogen.

„Das Geheimnis eines langen Lebens liegt in der

Erkenntnis und Befolgung der natürlichen Ordnung; im übrigen ist es Gnade und Geschenk Gottes."

„Kräuterarzt" Johann Künzle, Wangs/Zizers

„.... Erst als man den Zustand ihrer Seele kannte und da Ordnung hineinbrachte, ging es mit den körperlichen

Leiden auch besser. Sie bekamen mehr Ruhe und

Zufriedenheit –kurz- sie fühlten sich besser."

„Wasserdoktor" Sebastian Kneipp, Bad Wörishofen

Trotzdem

Die Menschen sind unvernünftig, irrational und egoistisch. Liebe sie *trotzdem*.

Wenn Du erfolgreich bist, gewinnst du falsche Freunde und wahre Feinde. Sei *trotzdem* erfolgreich.

Das Gute, das Du heute getan hast, wird morgen schon vergessen sein. Tue *trotzdem* Gutes.

Ehrlichkeit und Offenheit machen Dich verwundbar.

Sei *trotzdem* ehrlich und offen.

Die Menschen bemitleiden Verlierer, doch sie folgen nur den

Gewinnern. Kämpfe *trotzdem* für ein paar von den Verlierern.

Woran Du Jahre gebaut hast, das mag über Nacht zerstört werden.
Baue *trotzdem* weiter.

Die Menschen brauchen wirklich Hilfe; doch es kann sein, dass sie Dich angreifen, wenn Du ihnen hilfst. Hilf diesen Menschen *trotzdem*.

Gib der Welt das Beste, was Du hast, und Du wirst zum Dank dafür einen Tritt erhalten. Gib der Welt *trotzdem* das Beste.

Letztendlich ist dann alles eine Angelegenheit zwischen Dir und Gott. ***
Sowieso war es nie eine Angelegenheit zwischen Dir und anderen.

Mutter Teresa von Kalkutta, Friedensnobelpreisträgerin

Pater Pio von Pietrelcina

„Pater Pio trug viele Menschen und viele Leiden in seinem Herzen und vereinte alles mit der Liebe Christi, der er sich ‚bis zur Vollendung' (Johannes 13,1) hingegeben hat.

Er hat das grosse Geheimnis des aus Liebe aufgeopferten Schmerzes gelebt. So wurde sein kleiner Tropfen zu einem

Strom der Barmherzigkeit,

der viele verödete Herzen getränkt und

Oasen des Lebens

in vielen Teilen der Welt geschaffen hat."

Papst Franziskus 6.2.16

„Seine Stigmata waren ein unbeschreibliches Zeichen seiner Liebe zu Jesus und zu uns, Zeichen seines Leidens, das er für Jesus und für uns trug."

„In Pater Pio lebte nicht nur das ‚Ich' Christi, sondern auch sein Abbild – seine Wundmale und seine barmherzige Liebe zu den Armen, den Kranken und den Sündern. Die Wundmale waren in Pater Pio das Zeichen, welche die Wirklichkeit des gekreuzigten und auferstandenen Christus in seiner Demut verbargen." Aus „Pater Pio – mein Vater" von Pierino Galeone

www.servidellasofferenza.ch

Gobelin „Betende Hände“ von Martha Görlitz, Bad Ragaz (1924-2012)

Weihe der Schweiz an die Allerheiligste Dreifaltigkeit

Arbeitsgruppe Jugend und Familie, Zürich

Fürbittgebet zu unserm Landesvater BruderKlaus

„Was rettet heute unsere Heimat“ von Pater Matthias Graf, OSB Einsiedeln

Gebet zu Dorothee von Flüe von Papst Johannes Paul II.

Gebet für die Familien von Papst Franziskus

Gebet für die Grosseltern von Papst Benedikt

Weihe der Schweiz an die Allerheiligste Dreifaltigkeit

Im Namen Gottes erneuern und bekräftigen wir das Bündnis, das unsere Vorfahren –die drei Eidgenossen- im Jahr 1291 mit Dir geschlossen haben.

Wir erneuern dieses Bündnis im Göttlichen Willen mit der Gottes-mutter Maria, mit allen Schweizer Heiligen und Seligen, den Tages-heiligen, mit den himmlischen Heerscharen der Engel und Heiligen und weihen Dir, Allerheiligste Dreifaltigkeit, -Vater, Sohn und Heiliger Geist- das ganze Schweizervolk und unsere Regierung.

Wir stellen uns unter Deinen Allmächtigen Schutz und vertrauen auf Deine unendliche Barmherzigkeit. Herr, schenke unserm Volk die Gnade zur Umkehr und die Erkenntnis und das Bewusstsein, dass der Bund von 1291 „Im Namen Gottes" auf ewig geschlossen wurde. Gib, dass wir „ein einzig Volk von Brüdern" im Göttlichen Willen werden. Schenke uns wieder eine Regierung, die den christlichen Glauben lebt. Sende Deine Engel aus, uns zu helfen und uns zu beschützen.

Heiliger Bruder Klaus, der Du uns über Jahrhunderte beschützt hast, bitte für uns. Liebende Mutter unseres Herrn und Bruders Jesus Christus –Königin aller Siege- wir weihen Deinem Unbefleckten Herzen alle Brüder und Schwestern und unser Vaterland mit der Bitte um Deinen mütterlichen Segen.

Allerheiligste Dreifaltigkeit, Dir sei Lob, Ehre und Dank in alle Ewigkeit. Amen

Mein Herr und mein Gott, nimm alles von mir, was mich hindert zu Dir.

Mein Herr und mein Gott, gib alles mir, was mich führet zu Dir.

Mein Herr und mein Gott, nimm mich mir und gib mich ganz zu eigen Dir.

Bruderklausengebet

Heiliger Bruder Klaus, Du grosser Freund des Volkes,

bewahre uns vor Krieg, Hunger und jeglicher Not. Sichere Deinem Vaterland gesegneten Bestand in Frieden und Wohlfahrt. Erflehe der geistlichen und weltlichen Regierung Weisheit und Stärke im Geiste des Glaubens. Erwecke aus Deinem Volk viele Priester und Laienapostel voll heiligen, klugen Eifers. Erhalte unserm Bauernstand die Liebe zur heimatlichen Scholle, die Freude an christlicher Einfachheit, Sparsamkeit und Opferwilligkeit. Erfülle die Arbeitgeber und –nehmer mit christlicher Liebe und Gerechtigkeit, mit Zufriedenheit und Demut. Gib, dass wir alle eins werden in Glaube, Hoffnung und Liebe, um hier Gottes Ehre zu mehren und dort die Heimat des Ewigen Glückes zu finden.

Heiliger Landesvater, bitte für uns. Amen

Gebet um Dorothee von Flüe von Papst Johannes Paul II.

Mein Herr und mein Gott, In schwerer Zeit hast Du den heiligen Bruder Klaus berufen, „Gewissen" der Mitbürger zu sein und Frieden zu stiften. Dank Deiner Führung wurde die Ehe und Familie auf dem Flüeli zum Ort des Glaubens und des Gebetes. Dank Deiner gütigen Vorsehung fand Bruder Klaus in Dorothee eine verständige Gattin, die mit ihm um die Kraft gerungen und gebetet hat, Deinem göttlichen Willen zu gehorchen.

Du hast Dorothee berufen, an Stelle ihres Gatten die Verantwortung für Familie, Haus und Hof zu übernehmen, damit der Weg des Heiligen frei werde für das Leben im Ranft, frei für das Gebet, frei für Deinen Auftrag, Frieden zu stiften. Darum öffnen wir uns Deinem Geist und bitten Dich um den Frieden im eigenen Herzen und um den Frieden in der Welt.

Gebet für die Familien von Papst Franziskus

Jesus, Maria und Josef In Euch betrachten wir den Glanz der wahren Liebe und wenden uns voll Vertrauen an Euch.

Heilige Familie von Nazareth, mache auch unsere Familien zu Orten der Gemeinschaft und Räumen des Gebetes, zu echten Schulen des Evangeliums und kleinen Hauskirchen.

Heilige Familie von Nazareth, nie mehr gebe es in unseren Familien Gewalt, Verschlossenheit und Spaltung. Wer Verletzung erfahren oder Anstoss nehmen musste, finde bald Trost und Heilung.

Heilige Familie von Nazareth, möge in allen wieder das Bewusstsein für die Heiligkeit und Unantastbarkeit der Familie, für ihre Schönheit im Plan Gottes geweckt werden.

Für Grosseltern

Herr Jesus Christus, geboren von der Jungfrau Maria -Tochter der Heiligen Joachim und Anna- schau mit Liebe auf die Grosseltern in der ganzen Welt. Sei Du ihr Schutz. Sie sind eine Quelle der Bereicherung für ihre Familie, für die Kirche und für die ganze Gesellschaft. Biete Du ihnen Halt und Stütze. Mögen sie –auch wenn sie älter werden- für ihre Familien starke Säulen des Glaubens an die Frohe Botschaft bleiben. Mach sie zu Lehrmeistern der Weisheit und des Mutes, so dass sie künftigen Generationen die Früchte ihrer reifen menschlichen und geistlichen Erfahrung weitergeben.

Manuel Bürgler

„En allerletschte Sunnestrahl lüchtet uf de Mythe.

Ich tusche mini Heimat niä, bi glücklich und z'friedä hiä"Julia Steiner, Alpthal

„Tun Sie Tag für Tag was in Ihren Kräften steht."

Sel.Mutter Maria Theresia Scherer

(Ordensgründerin der Schwestern vom Heiligen Kreuz, Ingenbohl)

www.kloster-ingenbohl.ch

„Durch die Stille können wir alles mit neuen Augen Sehen." Mutter Teresa von Kalkutta

„Die Kirche hat nicht den Auftrag, die Welt zu verändern. Wenn sie aber ihren Auftrag erfüllt, verändert sich die Welt."

Carl Friedrich von Weizäcker (1912-2007)

„Die Kirche sind wir – Du und ich. Fangen wir an, unseren Auftrag auszuführen (jeder nach dem Erhaltder Talente und Fähigkeiten).

"bml Martha vom Morgartä (*1942)

Reliquie der Heiligen Marta in Tarascon

Herr, erwecke deine Kirche; und fange bei mir an.

Herr, baue deine Gemeinde auf; und fange bei mir an.

Herr, lass Frieden und Gotteserkenntnis überall auf Erden kommen; und fange bei mir an.

Herr, bringe deine Liebe und Wahrheit zu allen Menschen: und fange bei mir an.

KGB 516.3

„Christus gab den einen das Apostelamt; andere setzte er als Propheten ein, andere als Evangelisten, andere als Hirten und Lehrer, um die Heiligen für die Erfüllung ihres Dienstes zu rüsten, für den Aufbau des Leibes Christi. So sollen wir alle zur Einheit im Glauben und in der Erkenntnis des Sohnes Gottes gelangen, damit wir zum vollkommenen Menschen werden und Christus in seiner vollendeten Gestalt darstellen."

Eph 4, 11 - 13

Martha die umsorgende Herrin

Umsorgen heisst, sich für das Wohl seiner Mitmenschen einsetzen. Einem Menschen Brot zu schenken ist ein Akt der Nächstenliebe. Brot ist Nahrung für Leib und Seele. Es ist aber auch Symbol für gute Worte und Taten. Gerade diese brauchen die Menschen wie das tägliche Brot. Möge Martha, die einen grossen Auftrag mit ihrem Namen erhalten hat, stets die Kraft finden, in ihrem Leben für andere besorgt zu sein.

Marta von Betanien gehörte mit ihren Geschwistern Maria und Lazarus zum Freundeskreis Jesu (Johannes 11,19-27, Lukas 10,38-42) und ist durch ihr Glaubensbekenntnis „der weibliche Petrus". Sie besassen unweit der Stadt Jerusalem ein Haus und waren vornehmen und reichen Standes. Nach einer Legende soll Marta mit ihren Geschwistern nach Frankreich in die Provence gekommen und in Tarascon begraben sein.

Der Namenstag wird am 29. Juli gefeiert.

Mosaik „Der Weg zum Palast des Königs im Himmel" in der

Unterkirche „San Pio Da Pietrelcina" Foto: Hans Schorno

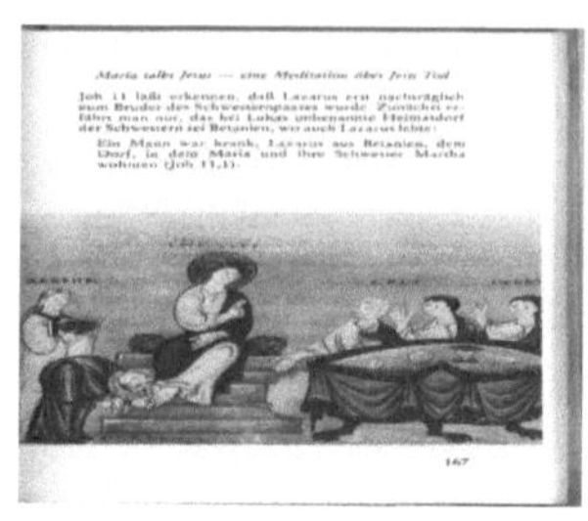

Marta nimmt Jesus auf. Er ist da. Mehr geht nicht. Und doch ist da Martas Zweifel an sich selbst. Wer bin ich – für IHN?

„Allen aber, die ihn aufnahmen, gab er Macht, Kinder Gottes zu sein.“ „Kind Gottes“: eine Auszeichnung, ein Prädikat!

Kind Gottes: Marta liebt – und Marta lernt. So ist ihr tatsächlich alles geschenkt. Niemand verdrängt sie, und sie muss niemand verdrängen

Vater unser im Himmel

Geheiligt werde Dein Namen. Dein Reich komme, Dein Wille geschehe wie im Himmel, so auf Erden. Unser tägliches Brot gib uns heute. Vergib uns unsere Schuld, wie auch wir vergeben unsern Schuldigern. Und führe uns nicht in Versuchung, sondern erlöse uns von dem Bösen; denn Dein ist das Reich und die Kraft und die Herrlichkeit, in Ewigkeit. Amen.

Gegrüsst seist Du Maria voll der Gnade

der Herr ist mit Dir. Du bist verehrt unter den Frauen; und verehrt ist die Frucht Deines Leibes – Jesus. Heilige Maria –Mutter vom Sohn Gottes- bitte für uns Sünder; jetzt und in der Stunde unseres Todes; denn der Tod ist das Tor zum Leben. Amen

Ehre sei dem Vater und dem Sohn und dem Heiligen Geist.

Wie es war am Anfang, so auch jetzt und allezeit und in Ewigkeit Amen.

Novene zur Heiligen Marta

An 9 Dienstagen beten, während eine geweihte Kerze brennt.

O, Heilige Marta, Du Wunderbare,

ich nehme Zuflucht zu Deiner Hilfe, mich ganz auf Dich verlassend, dass Du mir in meinen Nöten helfen und in meinen Prüfungen beistehen wirst. Besonders

....

Bei der grossen Freude, welche Dein Herz bei der Bewirtung des Heilands der Welt erfüllte, erflehe für die Kinder Gottes, dass wir diesen GOTT (Vater, Sohn und Heiliger Geist) in unseren Herzen bewahren. Christus möge uns durch das Evangelium Weggefährte sein.

Ich bitte Dich, Du Helferin in aller Not, besiege die Schwierigkeiten, wie Du den Drachen besiegtest, bis er zu Deinen Füssen lag.

Zum Dank verspreche ich Dir, dieses Gebet überall zu verbreiten.

Vater unser....., Gegrüsst seist Du Maria.... Ehre sei dem Vater

Und 3 x Heilige Marta, bitte für uns

1 aus **Laudate Dominum** Eduard Gregson, Arr. A.Schnider

6 aus **Colors and Configaruation** Lennie Niehaus Harmonie St.Gallenkappel, Dirigent Achilles Schnider

7 **Trotzdem** nach Mutter Teresa von Kalkutta Erich Jahn an der Orgel St. ..Leonhardskapelle, Bad Ragaz

8 **Innerschwyzer Zäuerli** Kapelle Dünner-Nauer

10 **MarthasTraum** Fritz Dünner, Rothenthurm/Mallorca

11 **Engel-Meditation** Mitenand gaht's besser MarthasTraum

12 **Versöhnung und Neubeginn** „Jesu bleibet meine Freude", Cäcilienchor Wangs

14 **Neues wird möglich** Sprecherin: Corina Frei, Bad Ragaz

15 **Dank sei dem Herrn** Kirchenchor Marienwallfahrtsort Seewen SZ,

17 **Glocken von Bad Ragaz**Text: „Engel" von Rudolf Otto Wiemer

Die fehlenden Traks entnehmen Sie bitte der Seite „Herzlichen Dank".

Die CD kann für Euro oder Franken 20.- (inkl. Porto und Verpackung bezogen werden bei

MarthasTraum, Dorfplatz 5, CH-6417 Sattel-Hochstuckli

leuthard42@bluemail.ch

Achilles Schnider
Harmonie St. Gallenkappel
Cäcilienchor Wangs
Blue the FluteMan
Kapelle Dünner-Nauer
Jonathan Prelicz
Männer-Vocalensembles Ermitage
In deinem Leben ab und zu,
gönn dir etwas Rast und Ruh.
Augen-Meditation mit Karl Inauen
Engel-Meditation mit MarthasTraum
Sattel
Feuerstelle am
Rundweg um den
Engelstock

Herzlichen Dank

Frau Jrma und Herr Patrik Inauen für die Übertragung der

Rechte zur Veröffentlichung der von *tau-av produktion*, Stans, digitalisierten Meditation von *Karl Inauen*, Leiter Schulung VONOS, +2005 in Kirchberg SG Trak 3 und 5

Gertrud Meyer, Bad Ragaz, für die treffenden Gedichte Trak 2

Annina Penner-Battaglia, Bad Ragaz, für die Bilder

Louis Hüppi, Präsident Kräuterpfarrer Künzle Verein.

Sprecher „Versöhnung und Neubeginn“ Trak 12

MSS für die Digitalisierung der Werke von Willy

Berghamer sel. durch FilmFix, Walenstadt

Achilles Schnider für die Überlassung von “Morgenröte“Trak13

Alexander und seine Mitsänger Trak 11 www.ermitage.org

Jonathan Prelicz, Musiklehrer Sattel Trak 9

www.jonathanprelicz.ch

Schulklasse von Lehrer Remo Cefola, Schule Sattel-

Hochstuckli Rägäbogeler Trak 16

Blue the FluteMan, Apache Song Catcher Trak 2 und 4 www.bluefluteman.ch

Manuel Bürgler für das Bild (Mythen vom Talkessel Schwyz)

Busch-Druck (Reto Heer) und *FilmFix*, Walenstadt

Gestaltung: Seya Wiesli und Angelo Ruckli

Lektorat: *Martin Trendle* pomt trendpresse@bluewin.ch

HelvetiasTöchteR

Lebensbuch der Frau

Erscheinung 2020

Printed by Books on Demand GmbH, Norderstedt / Germany